Gelegenheitsmusik in
den *Vitae Pomeranorum*

Greifswalder Beiträge zur Musikwissenschaft

Herausgegeben von Ekkehard Ochs, Nico Schüler, Lutz Winkler

Band 8

PETER LANG
Frankfurt am Main · Berlin · Bern · Bruxelles · New York · Oxford · Wien

Peter Tenhaef

GELEGENHEITSMUSIK IN DEN *VITAE POMERANORUM*

Historische Grundlagen, Ausgewählte Werke, Kommentar und Katalog

PETER LANG
Europäischer Verlag der Wissenschaften

Die Deutsche Bibliothek - CIP-Einheitsaufnahme

Tenhaef, Peter:

Gelegenheitsmusik in den "Vitae Pomeranorum" : historische Grundlagen, ausgewählte Werke, Kommentar und Katalog / Peter Tenhaef. - Frankfurt am Main ; Berlin ; Bern ; Bruxelles ; New York ; Oxford ; Wien : Lang, 2000
 (Greifswalder Beiträge zur Musikwissenschaft ; Bd. 8)
 ISBN 3-631-36411-3

Gedruckt auf alterungsbeständigem,
säurefreiem Papier.

ISSN 0946-0942
ISBN 3-631-36411-3
© Peter Lang GmbH
Europäischer Verlag der Wissenschaften
Frankfurt am Main 2000
Alle Rechte vorbehalten.

Das Werk einschließlich aller seiner Teile ist urheberrechtlich geschützt. Jede Verwertung außerhalb der engen Grenzen des Urheberrechtsgesetzes ist ohne Zustimmung des Verlages unzulässig und strafbar. Das gilt insbesondere für Vervielfältigungen, Übersetzungen, Mikroverfilmungen und die Einspeicherung und Verarbeitung in elektronischen Systemen.

Printed in Germany 1 2 4 5 6 7

Inhalt

I. Vorwort 5

II. Allgemeines
  1. Gelegenheitsdichtung und -musik im 17. und 18. Jahrhundert
    a) Zum Begriff „Gelegenheitswerk" und
       zum Stand der Forschung 7
    b) Soziale, literarische und musikalische Grundstrukturen
       des Gelegenheitswerkes 13
  2. Die Musik in den *Vitae Pomeranorum*
    a) Vorstellung der *Vitae Pomeranorum* 21
    b) Bisherige Erfassung der Musik, Desiderata 21
    c) Regionale Verbreitung, Musikdrucker 23
    d) Herausbildung verschiedener Typen 27
    e) Komponisten 32

III. Ausgewählte Werke
  1. Hochzeitsmusik
    a) Kanon:
       Casparus Otthomannus: 2 *Fugae 4.Vocum*,
       1608 (VP 109) 40
    b) Villanella:
       Petrus Brunnemann: *OΔH ΓAMIKE*, 1620 (VP 24.3) 41
    c) Motette:
       David Aebelius: *Epitalamion*, 1624 (VP 77) 45
    d) Arie:
       Petrus Crohn: *Blumen-geziertes Liebes-Gedicht*,
       1673 (VP 37.1) 55
       Paulus Peetschius: *Hochzeitlicher Ehrenwunsch*,
       1676 (VP 54) 61
       Abraham Petzolt: *Glückwünschender Mund*,
       1684 (VP 2.2) 65
       Hieronimus Jennerich: *Der wolgeschlossene Kauff-Handel*, 1693 (VP 21.2) 69
       Friederich Gottlieb Klingenberg: *Das Paradies der Liebe*,
       1720 (VP 33.2) 74

2. Glückwunschmusik
   a) homophoner Chorsatz:
      Georgius Makuth: *Antiquum illud*, 1622 (VP 30.2)   81
   b) Arie:
      Abraham Petzold: *Nahmens-Ode*, 1683 (VP 10b)   84
3. Trauermusik
   a) Motette und geistliches Madrigal:
      Julius-Ernst Rautenstein: *Motet Begierlicher
      Seelen-Wunsch*, 1653 (VP 12)   87
      Julius Ernst Rautenstein: *Threnen und Traur-Lied*,
      1654 (VP 83)   105
   b) Musikbild:
      Johann Martin Rubert: *Traur-Cypressen abbildende
      der Menschen Glückseligkeit in einem
      musicalischen Grabmahl*, 1662 (6.1)   117
   c) Chor- und Generalbaßlied:
      O.B. von Schwerin: *Desiderium Pascovianum*,
      1659 (VP 59) und
      Letztes Ehren-Gedächtnis, 1682 (VP 14.2 II)   118
   d) Arie:
      Erdmann Eckhard Rubach: *Traur-Ode*, 1683 (VP 32,2b)   122
      Anonymus: *Lamento* und *Aria*, 1700 (VP 46)   125

IV. Kritischer Bericht zu den ausgewählten Werken   127

V. Kommentare zu den ausgewählten Werken
   Casparus Otthomannus: 2 *Fugae 4.Vocum*, 1608 (VP 109)   129
   Petrus Brunnemann: *ΟΔΗ ΓΑΜΙΚΕ* , 1620 (VP 24.3)   130
   David Aebelius: Epitalamion, 1624 (VP 77)   133
   Petrus Crohn: *Blumen-geziertes Liebes-Gedicht*, 1673 (VP 37.1)   134
   Paulus Peetschius: *Hochzeitlicher Ehrenwunsch*, 1676 (VP 54)   136
   Abraham Petzolt: *Glückwünschender Mund*, 1684 (VP 2.2)   138
   Hieronimus Jennerich: *Der wolgeschlossene Kauff-Handel*,
   1693 (VP 21.2)   139
   Friederich Gottlieb Klingenberg: *Das Paradies der Liebe*,
   1720 (VP 33.2)   140
   Georgius Makuth: *Antiquum illud*, 1622 (VP 30.2)   142

Abraham Petzold: *Nahmens-Ode*, 1683 (VP 10b) 143
Julius-Ernst Rautenstein: *Motet Begierlicher Seelen-Wunsch*,
   1653 (VP 12) 144
Julius Ernst Rautenstein: *Threnen und Traur-Lied*, 1654 (VP 83) 146
Johann Martin Rubert: *Traur-Cypressen*, 1662 (6.1) 147
O.B. von Schwerin: *Desiderium Pascovianum*, 1659 (VP 59) und
   Letztes Ehren-Gedächtnis, 1682 (VP 14.2 II) 148
Erdmann Eckhard Rubach: *Traur-Ode*, 1683 (VP 32.2b) 149
Anonymus: *Lamento und Aria*, 1700 (VP 46) 151

VI. Katalog der Musik in den *Vitae Pomeranorum*
  1. mit Noten überlieferte Werke 153
  2. ohne Noten überlieferte Musikwerke 189
  3. musikalische Figurengedichte 203

VII. Literaturverzeichnis 205

VIII. Abbildungen 209

I. Vorwort

Die *Vitae Pomeranorum* sind eine in der Greifswalder Universitätsbibliothek überlieferte Sammlung von biographischen Dokumenten pommerscher Persönlichkeiten (und einiger anderer) des 16. bis 19. Jahrhunderts. Relativ wenige Akten dieser in ihrer Konzeption außergewöhnlichen Sammlung enthalten Musik, in der Regel zu Gelegenheiten von Hochzeits- und Trauerfeierlichkeiten.

Der vorliegende Band umfaßt mehrere Funktionen. Er ist zum einen eine *allgemeine Untersuchung* der *Vitae Pomeranorum* in ihren musikalischen Aspekten; zum anderen stellt er sie durch eine repräsentative *Auswahl von Musikwerken* vor, die detailliert *kommentiert* werden; schließlich ermöglicht der *Katalog* der Musikwerke (auch derjenigen ohne überlieferte Noten) erstmals eine vollständige Übersicht des gesamten musikalischen Bestandes. Was die sozial-historischen und literarischen Aspekte betrifft, so wird deren generelle Bedeutung für die Gelegenheitswerke im allgemeinen Teil skizziert und konkret auch in den Einzelkommentaren zu den ausgewählten Werken herausgestellt. Es würde aber den Rahmen der Untersuchung sprengen, wollte man diese Aspekte für die *Vitae Pomeranorum* (mit ihren mehreren tausend Gedichten) insgesamt darstellen. Verwiesen sei hier auf eine größere Arbeit von Horst Hartmann über *Pommersche Kasualpoesie in den „Vitae Pomeranorum"*.[1]

Dichtung und Musik in den *Vitae Pomeranorum* stellen kein Einzelphänomen dar, sondern sind Zeugnisse einer vor allem im 17. und 18. Jahrhundert überaus verbreiteten Gebrauchskunst. Kaum eine Kunstart ist so unmittelbar mit der allgemeinen Sozialgeschichte verknüpft wie Gelegenheitswerke zu Anlässen wie Hochzeiten, Trauerfeiern, diversen Gratulationen und politischen Ereignissen. Die Fragen der Ausbreitung von Traditionen, formalen und inhaltlichen Topoi, darüber hinaus Fragen nach sozialen Normen, Mentalitäten etc. lassen sich hier besonders gut studieren. So zeigt die vorgestellte pommersche Gelegenheitsmusik, ungeachtet ihres Mangels an künstlerischen Höchstleistungen von europäischem Rang, einerseits eine starke Integration in überregionale Traditionen und zeitgenössische Entwicklungen; andererseits bieten etliche Details aufschlußreiche Einblicke in die Musik und andere Bereiche speziell der pommerschen Alltagskultur des Barock. Schließlich stellt sie eine gute Basis für einen interregionalen Vergleich ähnlicher Musik im ganzen Ostseeraum dar, womit Fragen der kulturellen Identität bzw. Integration berührt sind; diese großräumige

---

[1] Erscheint 2001 im Shaker-Verlag, Aachen.

Perspektive muß allerdings einem erweiterten Forschungsprojekt vorbehalten bleiben.

    Prof. Dr. Horst Hartmann hat in den vergangenen Jahren die dringend erforderliche Aufarbeitung der *Vitae Pomeranorum* in die Hand genommen und die vielfältigen Aspekte ihrer Untersuchung koordiniert. Ohne seine Vorarbeiten, ohne seine organisatorische und inhaltliche Hilfe hätte dieser Band kaum zustande kommen können. Ihm bin ich von daher zu besonderem Dank verpflichtet. Desweiteren danke ich UMD Ekkehard Ochs und Immanuel Musäus für etliche aufschlußreiche Informationen, dem Ministerium für Bildung, Wissenschaft und Kultur des Landes Mecklenburg-Vorpommern für die Finanzierung der Forschungsarbeit sowie dem Peter-Lang-Verlag für die zügige Drucklegung. An den Druckkosten beteiligten sich dankenswerterweise die Gesellschaft für Pommersche Geschichte, Altertumskunde und Kunst, die Philosophische Fakultät der Ernst-Moritz-Arndt-Univerität Greifswald, die Gesellschaft von Freunden und Förderern der Ernst-Moritz-Arndt-Universität Greifswald e.V. und die Sparkasse Vorpommern.

II. Allgemeines

1. Gelegenheitsdichtung und -musik im 17. und 18. Jahrhundert

a) Zum Begriff "Gelegenheitswerk" und zum Stand der Forschung

Der Begriff der "Gelegenheitswerke" stammt primär aus der Literaturwissenschaft. Er erscheint dort als ein Bereich der Gebrauchsdichtung, die an bestimmte gesellschaftliche Anlässe, wie Hochzeiten, Beerdigungen etc. geknüpft ist. Wegen ihrer unbestimmten Formen wurden solche Gelegenheitsdichtungen oft der Kategorie "Sylven oder wälder" zugeordnet, z. B. von Martin Opitz, der dabei wiederum auf Statius und Scaliger zurückgreift.[2] Obwohl die Göttin Occasio in etlichen Gelegenheitsdichtungen des Barock angerufen wird, etabliert sich der Begriff „Gelegenheitsdichtung" erst in der zweiten Hälfte des 18. Jahrhunderts, nach Niedergang dieser Kunstform. Dabei erfährt er allerdings einen entscheidenden Bedeutungswandel, besonders unter dem Einfluß Goethes, der seine Gedichte insgesamt als „Gelegenheitsgedichte" auffaßte, nicht aber als Dichtung zu Gelegenheiten, sondern aus Gelegenheiten, d.h. als subjektive Erlebnisdichtung.[3] Während diese eine nachhaltige literaturwissenschaftliche Beachtung gefunden hat, geriet die ältere, zweckgebundene Gelegenheitsdichtung schon seit den zwanziger Jahren des 18. Jahrhunderts mehr und mehr in den Verdacht des unglaubwürdigen Pathos und damit der ästhetischen Minderwertigkeit. Erst in den letzten Jahrzehnten hat man allmählich den kunst- und gesellschaftsgeschichtlichen Reichtum dieser Art von Gebrauchsdichtung bemerkt. Die weitreichenden Aufschlüsse über die außerordentliche Bedeutung, das gesellschaftliche Selbstverständnis und die vielen historischen und ästhetischen Wechselbeziehungen dieser Gelegenheitswerke sind aber bei weitem noch nicht im vollen Umfang anerkannt, geschweige denn ausgeschöpft. So ist eine Auffassung wie die Fritz Adlers, der sich in den fünfziger Jahren eingehend mit pommerschen Hochzeitsbräuchen auseinandergesetzt hat, auch heute noch nicht ungewöhnlich: Während die seltenen „niederdeutschen Hochzeitsgedichte nicht unwichtige Sprachdenkmale sind, haben alle anderen nur eine geringe kulturhi-

---

[2] S. Segebrecht, S. 89ff.
[3] S. ebd., S. VII und 285ff.

storische Bedeutung."[4] Vor allem um eine bessere Anerkennung der barocken Gelegenheitsdichtung im Zusammenhang mit der anschließenden literarischen Entwicklung geht es Wulf Segebrecht, wenn er in seinem grundlegenden Buch über *Das Gelegenheitsgedicht* dieses besonders „unter dem Aspekt seiner Folgen für die Geschichte und Poetik der deutschen Lyrik betrachtet".[5] Während noch in der ersten Hälfte dieses Jahrhunderts die ältere Gelegenheitsdichtung weit mehr genealogisches als eigentlich literarisches Interesse fand[6], steht die neuere sehr langsam wachsende Wertschätzung dieser Kunst in Zusammenhang mit der größeren Bedeutung der Barockforschung und ihren sozialhistorischen Ansätzen sowie der Wiederentdeckung der Rhetorik, die in den letzten 200 Jahren gerade in Deutschland aus ähnlichen Gründen ebenfalls eher ver- als geachtet war. Unter den Veröffentlichungen zu diesem Komplex ist Wilhelm Barners Buch über *Barockrhetorik. Untersuchungen zu ihren geschichtlichen Grundlagen* hervorzuheben, das besonders auf die rhetorischen Wurzeln des barocken Literaturverständnisses abhebt. Speziell mit dem Trauergedicht hat sich Hans-Henrik Krummacher in seinem Beitrag *Das barocke Epicedium. Rhetorische Tradition und deutsche Gelegenheitsdichtung im 17. Jahrhundert* beschäftigt. Die Trauergedichte finden sich zumeist als Anhang zu Leichenpredigten. Diesen hat Rudolf Lenz ein Buch gewidmet mit dem Titel: *De mortuis nil nisi bene?*

Außer der Literaturwissenschaft und der historischen Familienforschung haben sich die Theologie, die Geschichts- und die Musikwissenschaft mit dem Phänomen der barocken Gelegenheitswerke befaßt, vor allem mit Trauerpredigten -gedichten und –musik.[7]

Innerhalb der Musikwissenschaft findet sich der Begriff des Gelegenheitswerks nur sporadisch als Anleihe aus der Literaturwissenschaft - in der Regel handelt es sich hier ja nicht um reine Instrumentalmusik, sondern um vertonte Gedichte - und hat sich kaum als eigenständiger Bereich etabliert. Auch hier herrscht im allgemeinen das Vorurteil ästhetischer Minderwertigkeit, das vor allem als Folge der Ästhetik im deutschen Idealismus zu erklären ist, der sich auf Kants Definition des Ästhetischen als "interesseloses Wohlgefallen"

---

[4] Adler, S. 107.

[5] S. VII.

[6] S. z.B. die grundlegende Arbeit von Friedrich Wecken. Wie hartnäckig sich die Vorbehalte gegen barocke Gelegenheitsdichtung gerade innnerhalb der Literaturwissenschaft hielt, belegt Hans-Henrik Krummacher in seinem Beitrag über *Das barocke Epicedium* an einer Reihe von Zitaten; s. ebd. S. 89f.

[7] Weiterführende Hinweise finden sich bei Lenz, S. 7ff.

gründet. Gerade in der Musik kam es in der Frühromantik zu einer Zuspitzung, insofern die Musik als "Sprache des Absoluten" (jenseits aller Zwecke) interpretiert wurde. Von dieser Perspektive ist auch das Interesse der älteren Musikwissenschaft mehr oder weniger stark geprägt. Um so dringlicher erscheint es seit einigen Jahrzehnten, den Blick auch wieder auf ältere, zweckgebundene Musik zu richten. Im Bereich der Gelegenheitsmusik ist dies bisher nur punktuell und wenig systematisch geschehen. Anregende systematisch-methodische Ideen hat vor allem Erik Kjellberg vorgetragen.[8] (Nicht von ungefähr hat die Gelegenheitsmusik in Schweden ein vergleichsweise größeres Interesse gefunden als etwa in Deutschland, da hier an der Peripherie der europäischen Musikkultur ca. die Hälfte aller Musikdrucke bis 1750 Gelegenheitswerke waren.)

Speziell mit Musik zur Beerdigung, sogenannten Leichencarmina oder Epicedien, die im allgemeinen noch vor den Hochzeitscarmina den Hauptanteil der Gelegenheitsmusik ausmachen, hat sich Wolfgang Reich seit seiner Leipziger Dissertation von 1962 auseinandergesetzt. Außer einem Katalog der Leichencarmina auf dem Gebiet der DDR (1966) gab er 1975 im *Erbe deutscher Musik* 31 Beispiele derartiger Musiken heraus, die zwischen 1601 und 1706 größtenteils in Mittel- und Süddeutschland gedruckt wurden, übrigens auch zwei aus Stettin, wovon wiederum ein Stück in den *Vitae Pomeranorum* vorkommt.[9] Nach Reich war der Druck von Leichencarmina - und ähnliches wäre wohl auch für verwandte Gelegenheitswerke anzunehmen - im wesentlichen auf den deutschen Protestantismus des Barockzeitalters beschränkt, wenn auch nicht ausschließlich. „Ausgangspunkt der Entwicklung waren die mitteldeutschen protestantischen Zentren und Universitäten Magdeburg, Helmstedt, Eisleben, Wittenberg und Leipzig, dazu als südwestlicher Vorposten Tübingen und bald auch Straßburg. Es folgte der Norden mit den Schwerpunkten Lüneburg, Rostock, Stettin." Ansonsten gebe es noch „einige französische, polnische und dänische Drucke".[10] Diese Darstellung greift aber mit Sicherheit zu kurz. Allein in Schweden sind bis 1750 ca. 65 Gelegenheitsmusiken (mehr als aus Dänemark) gedruckt, weitere importiert worden.[11] Dabei ist zu bedenken, daß ganz Nordeuropa und das Baltikum unter starkem kulturellen Einfluß aus Deutschland standen. Auch Reichs „Topographie der Musikdrucke in deutschen Leichenpredigten des 17. Jahrhunderts", die sich als Karte in seiner Dissertation wie in seiner

---

[8] S. vor allem S. 97ff.
[9] Nr. 19: „Auf, auf du matter Geist" von Christian Spahn (= VP 34).
[10] Reich, 1962, S. 4 und 1.
[11] Vgl. Davidsson.

Werkauswahl findet, ist in ihrer Beschränkung auf Mittel- und Süddeutschland sowie Schlesien und einige Städte Norddeutschlands stark lückenhaft. Z.B. taucht zwar die Stadt Königsberg auf, deren Produktivität „über alle Vergleiche erhaben" gewesen sei, Danzig, wo sich zahlreiche musikalische Gelegenheitsdrucke erhalten haben[12], dagegen gar nicht. Geht man mit Reich und Werner[13] (vorsichtig) davon aus, daß ca. 1 % der Gelegenheitsgedichte vertont wurden und legt man hierfür die Erhebungen Segebrechts zugrunde, so ergeben sich fast überall, besonders aber in Nord- und Ostdeutschland, weit größere Schätzungen als die von Reich angegebenen. (Für Danzig z.b. weist Segebrecht ca. 10000 Gelegenheitsgedichte nach.)[14] Bezüglich Pommerns erscheinen in Reichs Katalog der gedruckten Musikbeilagen aus den Leichenpredigtsammlungen der DDR lediglich zwei Greifswalder und dreizehn Stettiner Werke, wovon insgesamt zwölf in den *Vitae Pomeranorum* überliefert sind.[15] Die tatsächliche Anzahl von Trauermusiken in den *Vitae* umfaßt 19 Nummern mit überlieferten Noten und 39 ohne Noten. Berücksichtigt man außerdem die sehr viel größere Zahl an Hochzeitsmusiken, ergeben sich durchaus andere Mengen an Gelegenheitswerken als die von Reich geschätzten. Nicht erst die vorliegende Publikation erweitert Reichs schmale Sicht, die sich in den Worten ausspricht: „Überhaupt muß befürchtet werden, daß die wenigen erhaltenen Kompositionen nur ein mattes – und hinsichtlich der Breite des Schaffens sogar irreführendes – Bild der pommerschen Kasualkomposition um 1700 geben; vielleicht würde sich bei weniger lückenhafter Überlieferung die (von Schwartz so genannte) ‚Stettiner Liederschule' als Zentrum einer weiter verzweigten ‚Pommerschen Liederschule' erweisen."[16] Wenn auch der Begriff der „Schule" hier problematisch ist, las-

---

[12] Freundliche Auskunft von Frau Dr. Danuta Popinigis. Die Bestände sollen in Kürze genauer erfaßt werden.

[13] Reich, 1962, S. 7. Werner, S. 239ff.

[14] Auch auf literaturwissenschaftlicher Ebene dürften manche quantitativen Einschätzungen zu kurz greifen. So geht Lenz aufgrund seiner Umfrage von rund 250000 Leichenpredigtdrucken aus, die in der Regel 10 bis 15 Gedichte enthalten. (S. 21 und 148) Auch wenn der Schwerpunkt dieser Schriften sicher im mitteldeutschen Raum liegt, ist der Norden und Osten oberhalb der von ihm gezogenen Linie Osnabrück-Berlin zweifellos unzulänglich erfaßt. Auf seiner Übersichtskarte (S. 19) findet sich in West- und Ostpreußen lediglich Elbing, in Pommern nur Stralsund und Stettin. Königsberg, Danzig und Greifswald mit den *Vitae Pomeranorum* fehlen ganz.

[15] S. Reich, 1962, S. 31 und 63f.; aus Greifswald: VP 36.3 und VP 46, aus Stettin: VP 4a.1 (II), 11, VP 12, VP 14,2 (II), VP 32.2b, VP 34, VP 35 (I/II), VP 59, VP 83.

[16] Reich, 1962, S. 92.

sen sich in der Tat, auch außerhalb der *Vitae Pomeranorum*, sehr viel mehr pommersche Gelegenheitscarmina als bei Reich nachweisen. Auch was die Dauer der Blütezeit von Gelegenheitskompositionen betrifft, greift Reich, zumindest wenn man die Lage aus der Perspektive der *Vitae Pomeranorum* betrachtet, zu kurz, indem er schon im „beginnenden 18. Jahrhundert" ein rasches Absinken zur Bedeutungslosigkeit sieht. Tatsächlich ist der quantitative Höhepunkt, übrigens auch aus Segebrechts allgemeiner literarischer Sicht, erst um 1700 erreicht; bis 1720 finden sich in den *Vitae* zahlreiche Musikdrucke; und Musiken ohne überlieferte Noten erreichen hier sogar erst in den vierziger Jahren des 18. Jahrhunderts ihren Höhepunkt. Die angesprochenen Punkte zeigen, daß die musikwissenschaftliche Forschung wohl noch weiter als die literaturwissenschaftliche von einer einigermaßen vollständigen Erfassung und Aufarbeitung der barocken Gelegenheitswerke entfernt ist. Um so notwendiger erscheinen regionale Studien, die schließlich zu vernetzen sind. Gerade der Ostseeraum bietet dazu, vor allem wegen der sehr einheitlichen Ausstrahlung des deutschen Luthertums, ein aufschlußreiches Forschungsfeld.

b) Soziale, literarische und musikalische Grundstrukturen des Gelegenheitswerkes

Die Produktion von Gelegenheitswerken ist an verschiedene Rahmenbedingungen geknüpft, die erst im 17. Jahrhundert voll zur Entfaltung kamen und sich bereits im 18. wieder weitgehend auflösten. Über 95% der Gelegenheitsgedichte sind auf bestimmte Personen bezogen, insbesondere die große Masse der Leichen- und Hochzeits- und Glückwunschcarmina. Von daher gehört zu ihren wesentlichen mentalen Voraussetzungen die neue Wertschätzung des Individuums, wie sie nach dem Ausgang des Mittelalters gerade im Protestantismus lutherischer Prägung hervortritt. Im Laufe des 16. Jahrhunderts wird diese immer weiter gesteigert, was auf höchster politischer Ebene im Absolutismus Ausdruck findet, auf niedriger, bürgerlicher Ebene aber in einem analogen Repräsentationsbedürfnis. Andererseits wird der Individualismus erst im Laufe des 18. Jahrhunderts bis zum Subjektivismus getrieben, d.h. bis zur Auflösung sozialer und psychologischer Strukturen, die als objektiv angesehen wurden. So setzen Kasualcarmina zum einen ein ausgeprägtes Selbstbewußtsein voraus, das aber andererseits in eine stark vernetzte normative Gesellschaftsstruktur von Familien- und Standesbewußtsein eingebunden bleibt. In den städtischen Patrizier- und

Kaufmannsfamilien während des Barockzeitalters kommt beides in idealer Weise zusammen. Zur sozialen Vernetzung gehört selbstverständlich die Veröffentlichung der Gelegenheitswerke, somit die Möglichkeit des Buch- und Notendrucks, wenn nicht vor Ort, so doch in schnell erreichbarer Nähe. Solche Bedingungen sind in Pommern erstmals gegen Ende des 16. Jahrhunderts gegeben und werden dann noch einmal durch den verheerenden Dreißigjährigen Krieg unterbrochen, so daß mit guten Publikationsmöglichkeiten erst ab 1650 zu rechnen ist.[17] Wie hoch die Auflage der jeweiligen Gelegenheitswerke war, ist umstritten. Reich meint, sie habe bei den Leichencarmina „wohl selten mehr als 50 Stück" umfaßt[18], während Segebrecht von 100 bis 150 Exemplaren spricht. Jedenfalls sollten nicht nur die Gefeierten bzw. die unmittelbaren Angehörigen versorgt werden, sondern alle Gäste (und „Zaungäste") des Ereignisses, um den Ruhm der Gefeierten sowie den der Autoren wenigstens in ihrem unmittelbaren sozialen Kontext zu verbreiten. Die Blüte des Notendrucks (in einzelnen Lettern) geht in Pommern wie anderswo bereits im frühen 18. Jahrhunderts zu Ende, da sich allmählich der elegantere Notenstich durchsetzt. Gleichzeitig werden die Gelegenheitsmusiken immer umfangreicher, vielteiliger. Beides führt zu einer erheblichen Verteuerung, so daß man in Pommern seit 1720 generell dazu übergeht nur noch die Texte der aufgeführten Gelegenheitsmusiken ohne Noten abzudrucken, um wenigstens auf diese Weise das Gelegenheitswerk auch für die Nachwelt zu präsentieren.

Zu den Selbstverständlichkeiten der Stadtkultur gehören bestimmte Riten und Regeln, die anläßlich der diversen Feierlichkeiten einzuhalten waren; dies gilt besonders für häufige Gelegenheiten wie Hochzeiten und Beerdigungen. Während letztere in ihrem Ablauf weitgehend schon durch den kirchlichen Ritus festgelegt waren, erforderten die (in höheren Kreisen meist mehrtägigen) Hochzeiten oft ausdrückliche Bestimmungen. Vor allem sollten durch solche Verordnungen Überhandnahmen in jeder Richtung unterbunden werden. Das betrifft auch die Musik, etwa die Frage, inwieweit für die Hochzeit die offiziellen

---

[17] Wenn Wolfgang Reich feststellt, daß „nicht einmal der Dreißigjährige Krieg ... den Leichenpredigt-Druck zum Erliegen brachte, so gilt das für Pommern nur sehr bedingt, vor allem für den dortigen Druck an Gelegenheitsmusik. Reich spricht S. 86 in Bezug auf die Stettiner Gelegenheitsmusik selbst von einem "völligen Versagen der Überlieferung nach Lütkeman". In den *Vitae Pomeranorum* findet sich zwischen 1624 und 1653 an Musik nur eine einzige Choralmelodie (1641: VP 129).

[18] *Threnodiae*, S. V.

Stadtmusici zu verwenden seien oder wo und wie lange musiziert werden darf. Z.B. sind für die Stadt Greifswald schon aus den Jahren 1569 und 1592 Hochzeitsordnungen überliefert. Darin ist im Abschnitt über „Des Churen und Spellüde lhon" unter anderem zu lesen: „Ock schall der chure edder ahnder spellude des avends nha teinen mit trummen schlagen und sonsten up den straten sich mitt nichten vormercken lathen ..."[19] Als Wochentage für Hochzeiten kamen in Pommern seit der Reformation übrigens nur Montag, Dienstag und Mittwoch in Betracht; Sonntag als Ruhetag und Freitag als Passionstag waren ohnehin grundsätzlich ausgeschlossen.[20] Musik bzw. die Vertonung von Gelegenheitsgedichten, die der Bräutigam zum Vortrag auswählte, konnte vor oder nach dem Hochzeitsmahl, der „Köste", oder auch währenddessen erklingen. Je nach Standeshöhe konnte es dabei auch Vorschriften für die instrumentale Besetzung geben. So waren bei bürgerlichen Hochzeiten Pauken und Trompeten als adelige Hoheitssymbole grundsätzlich verboten. Um dennoch einen prächtigen Klang zu erzeugen, verwenden Stettiner Hochzeitsmusiken stattdessen gelegentlich Hörner. 1670 verfügte der Anklamer Rat, „daß die Spielleute bei den Kösten des 1. Standes mit allerhand Instrumenten aufspielen durften, im 2. Stand dagegen nur mit Geigen und Blockpfeifen, mit besonderer Genehmigung des Bürgermeisters jedoch auch mit einer ‚Quart Posaun allein oder Dulcion'".[21]

Während die Hochzeitscarmina öfter als für sich stehende Einzeldrucke überliefert sind, findet man die Leichencarmina häufig in einem komplexeren Textzusammenhang. Ausgangspunkt waren die bereits im 16. Jahrhundert gesammelten Leichenpredigten, die zunehmend biographische Elemente aufnahmen. Diese verselbständigen sich nicht selten als Parentatio oder Personalia (Lebenslauf). Seit dem 17. Jahrhundert tritt schließlich ein Anhang von mitunter mehreren dutzend Gedichten hinzu, die auf den Verstorbenen Bezug nehmen (Epicedia). Von diesen sind durchschnittlich etwa 1-1,5 % vertont.

Die literarischen Rahmenbedingungen für die Carmina waren zunächst durch die während des Humanismus erschlossene antike Literatur gegeben, vor allem aber durch die ungemeine Hochschätzung der nach antikem Vorbild neu entfalteten Rhetorik. Selbst volkssprachliche Traditionen, z.B. niederdeutsche

---

[19] S. Krause, S. 420f.
[20] Über „Alte Verlobungs- und Hochzeitsbräuche in pommerschen Städten" s. ausführlich Adler, S. 95f.
[21] Adler, S. 103.

Knittelverse, beziehen sich in aller Regel auf das rhetorische System, und sei es negativ. Da die Prinzipien der rhetorischen Dichtung objektiv lehrbar und erlernbar sind und nicht auf subjektiver Intuition beruhen, konnte sich ein so großer Kreis als Autoren angesprochen fühlen, sobald nur die Voraussetzung literarischer, theologischer und historischer Bildung gegeben war. Das Verfassen eines Carmen folgte dem rhetorischen Schema von Inventio, Dispositio und Elocutio. Für die Inventio wurden zunächst alle möglichen Umstände der besungenen Personen in Erwägung gezogen, wie Namen, Alter, Geschlecht, körperliche und geistige Qualitäten, Stand und Beruf, Herkunft, gesellschaftliche Bedeutung, Werdegang, Reisen etc.[22] Besondere Beachtung wurde dabei den Loci topici für die Inventio geschenkt. Als wichtigster „Fundort" fungierte sehr häufig der Name der Gefeierten, vor allem in Hochzeitsgedichten. So wird z.B. die Hochzeit des Stettiner Kaufmanns Paul Kividt mit Barbara Beckmann 1672 „in einer Musicalischen Arie vorgestellet von einem guten Freund" unter dem Titel *Der Kivit bey dem Bach*[23]; der Text beginnt mit den Worten: „Daß ist die rechte Kivits Art: Die nisteln gerne bey den Bächen", doch ist auch der weitere Verlauf von diesem Locus notationis beherrscht. Als andere „Fundorte" kommen in Betracht: der Locus generis (Stand), der Locus finis (Endzweck des Berufs), der Locus adjunctorum (zugeordnete Gegebenheiten des Berufs), der Locus circumstatiarum (zeitliche und örtliche Umstände, wie Jahreszeit, Sternbildzeichen, Krieg etc.). Die besonderen Fähigkeiten des Autors zeigten sich vor allem im Hinblick auf den Locus totius et partium, „mit dessen Hilfe man Erfindungen daraus herleiten kann, daß man die ermittelten Realia entweder auf ein ihnen übergeordnetes Ganzes bezieht oder sie selbst als Ganzes betrachtet, das man auf seine Teile hin befragen kann."[24] Dahinter steht die prinzipielle Vergleichsstruktur der Erfindungen; sie wird speziell im Locus comparationis betrachtet,[25] entspricht aber darüber hinaus dem ganzen analogistischen Weltbild - zuletzt öfter in scherzhaft-ironischen Vergleichen - vor der Durchsetzung der kausalistisch denkenden Aufklärung und der modernen Naturwissenschaften.

Die Erfindung eines Gedichtes hat nun aber nicht nur einen inhaltlichen, sondern auch einen formalen Aspekt, der Generis carminis, also vor allem die Versart betrifft. Hierzu hat der Autor, ausgehend von der Inventio thematis, die

---

[22] S., auch im folgenden, Segebrecht, S. 113ff.
[23] VP 171a, f.14f.
[24] Segebrecht, S. 121.
[25] Ebd., S.126ff.

geeigneten Formen zu finden bzw. zu kombinieren. Besonders beliebt waren Sonette, schon wegen ihrer Eignung für Kontraste und logische Zuspitzungen, desweiteren antike Versformen, wie Hexameter oder Distichen. Zur Vertonung eigneten sich allerdings viel besser die ebenfalls häufigen regelmäßigen Strophenformen, die oft verschiedene Reimschemata kombinieren. Die „gefundenen" Inhalte und Formen wurden sodann in schlüssiger Weise disponiert und ausgearbeitet bzw. ausgeschmückt.

Da die Musik sich im Laufe des 16. Jahrhunderts von ihrer antiken und mittelalterlichen Orientierung an der Mathematik (im Quadrivium der Septem artes liberales) zu einer sprachartigen Kunst wandelte, gab es im 17. Jahrhundert optimale Voraussetzungen für eine dichte Verbindung mit der Literatur. Dies betrifft durchaus nicht nur die Oper, die geradezu ihre Entstehung dem emphatisch gesteigerten Drama verdankt, sondern mehr oder weniger alle Musik. Gemeinsame Grundlage war dabei die Rhetorik, die schon im 16. Jahrhundert mehr und mehr auf musikalische Verhältnisse übertragen wurde, sich aber um 1600 als musikalische Figurenlehre zu einem bis ins spätere 18. Jahrhundert etablierten System entwickelte. Der Initiator dieser bald in ganz Deutschland verbreiteten reflektierten Musica poetica war der Rostocker Gymnasialprofessor Joachim Burmeister, der seit 1599 mehrere Bücher zu diesem Thema herausgab.[26] Natürlich ließen sich die musikalischen Verhältnisse nicht in jedem Fall mit den sprachlichen parallelisieren, so daß es bei Burmeister und anderen zur Umbesetzung und Erfindung einer ganzen Reihe neuer Figuren und Figurennamen kam. Wesentlich ist aber, daß sie alle in das rhetorische System eingeordnet werden, so daß die Musik tatsächlich als eine Art Sprache unter speziellen Bedingungen verstanden wird. Ähnlich dem Dichter hat nun auch der Komponist, der sich vorzüglich als „Musicus poeticus" versteht, zunächst die „Realien" des Textes zu reflektieren, d.h. vor allem den generellen Affekt des Textes und die einzeln hervortretenden Worte, um hierfür die geeignete Satzart bzw. musikalisch-rhetorische Figur zu finden. Dabei gibt es selbstverständlich spezifische bevorzugte Typen. So findet man altertümliche Formen, wie Motetten, aber auch Choralsätze vornehmlich in Trauermusiken, während dreistimmige Villanellen und Strophenarien mit tänzerischen Ritornellen oft für Hochzeiten verwendet wurden. Seit 1680 scheint es in vielen Regionen Deutschlands eine verstärkte Re-

---

[26] *Hypomnematum musicae poeticae*, Rostock 1599; *Musica autoschediastike*, Rostock 1601; *Musica poetica*, Rostock 1606.

glementierung der Beerdigungsmusik gegeben zu haben, wie sich vor allem im Instrumentenverbot für bürgerliche Beerdigungen zeigt. Nach Reich herrschten „lediglich in Stettin und Nürnberg, vielleicht auch in Regensburg" liberalere Bedingungen.[27] Tatsächlich ist in den *Vitae Pomeranorum*, und nicht nur in den Stettiner Drucken, von solchen Einschränkungen wenig zu spüren. So findet sich die beliebte Strophenarie mit Instrumentalritornell hier auch in Trauermusiken. Generell zuzustimmen ist Reich darin, daß die Gelegenheitskompositionen „nicht als formal-musikalische Gattung faßbar" sind, sondern aus „dem gesamten stilistischen Repertoire der Zeit" schöpfen.[28] In diesem Sinne äußert sich auch Hellmut Federhofer über Nürnberger Begräbnisgesänge: „Mit der Gattung der Trauermusiken ist kein bestimmter Formbegriff verbunden. Das schlichte mehrstimmig-homophone Kantionallied und die kunstvolle Motette kam für sie ebenso in Betracht wie die strophische Arie mit Ritornell und die Kantate. Die Wahl der Kompositionsart war von Zeit, Ort und Anlass abhängig."[29] Was die Figuren im einzelnen betrifft, so begegnet in Hochzeitscarmina besonders häufig die Variatio in Form ausgiebiger Koloraturen, während die Leichencarmina ein dankbares Feld für alle möglichen Dissonanz- und Pausenfiguren sind (Relatio non harmonica, Parrhesia, Pathopoia, Passus und Saltus duriusculus, Exclamatio oder Suspiratio, Aposiopesis, Abruptio etc.).

Wie die literarischen Formen, so sind auch die musikalischen nur wenig regional geprägt. Vielmehr beziehen sie ihren Reichtum aus der Vielschichtigkeit der internationalen Traditionen und Entwicklungen. Gerade daß dies in den *Vitae Pomeranorum* so ist, belegt, wie wenig rückständig der Standard pommerscher Dichtung und Musik des Barock war, auch wenn heute nur wenige bekannte Namen daran erinnern. Man kann sogar sagen, daß die musikalische Praxis in Stettin hinsichtlich der Gelegenheitswerke eine hervorragende Rolle im norddeutschen Raum spielte, und das nicht nur durch die auf dem Höhepunkt der Entwicklung um 1700 blühende „Stettiner Kantatenschule", sondern bereits ein Jahrhundert früher durch die Gelegenheitswerke von Paul Lütkeman und Philipp Dulichius, der als „pommerscher Lasso" gerühmt wurde.[30] Derartige Werke bilden das Traditionsfundament für die Musik in den *Vitae Pomeranorum*.

---

[27] Reich, 1962, S. 173.
[28] Ebd.
[29] Federhofer, S. VII.
[30] S. dazu Reich, 1962, S. 85f. und Schwarz, II, S. 23.

2. Die Musik in den *Vitae Pomeranorum*

a) Vorstellung der *Vitae Pomeranorum*

Die einzelnen biographischen Dokumente der *Vitae Pomeranorum* wurden größtenteils im 18. Jahrhundert von dem Vizepräsidenten des obersten schwedischen Tribunals in Wismar Augustin von Balthasar und dem Greifswalder Universitätsprofessor und -bibliotheksdirektor Carl Dähnert zusammengetragen und 1885 in der Universitätsbibliothek vereint.

Nachdem die Sammlung 1898 abgeschlossen wurde, hatte sie ein Volumen von 166 Kassetten mit insgesamt über 8000 "Vitae".[31] Diese wurden 1954 auf 173 Kassetten verteilt, wovon aber inzwischen 36 ganz oder teilweise verloren gingen, so daß nur noch knapp 80 % des ursprünglichen Bestandes vorhanden sind.[32] Sie umfassen vornehmlich Leichenpredigten und -programme, Stammtafeln und Urkunden und nicht zuletzt hunderte Gedichte zur Beerdigung und Hochzeit, gelegentlich auch zu anderen Anlässen, wie Taufe, Ernennungen etc. Zu einem relativ geringen Teil finden sich auch Vertonungen solcher Gedichte.

b) Bisherige Erfassung der Musik, Desiderata

Zur Musik in den *Vitae Pomeranorum* hat Friedrich Giese 1965 bereits einen Katalog (ohne Notenanfänge) vorgelegt.[33] Darin werden 33 Nummern aufgeführt. Gieses Katalog weist erhebliche Lücken auf. Eine Arie ist ohne Nummer[34], eine findet sich (jedenfalls heute) unter anderer Kassettennummern[35], zwei sind Duplikate und auch in anderen als den angegebenen Kassetten vor-

---

[31] S. den Bericht des Universitätsbibliothekars Edmund Lange, Lit.-Verz.

[32] S. Petrick, S. 322-324.

[33] S. Lit.-Verz..

[34] VP 21.3 zur Hochzeit von Johann Friedrich Köppen und Anna Catharina Buschow.

[35] Die Arie in VP 21.2 zur Hochzeit von Wolffgang Siegmund Kohler und Agnisa Sophia Utecht führt Giese unter VP 2 auf.

handen[36], zwei Nummern schließlich fehlen ganz[37]. Vor allem aber hat Giese die ganze Kassette VP 171 gar nicht vorgelegen. Gerade diese Kassette enthält aber als einzige eine große Sammlung von Musikalien (neben etlichen unvertonten Gedichten), und zwar ausschließlich Hochzeitsarien, die zwischen 1683 und 1715 fast alle in Stettin entstanden sind. Sie umfaßt mit 72 Stücken (samt einem Duplikat) etwa doppelt so viele Musikalien wie alle anderen zusammen.[38] Insgesamt finden sich 113 Einzelstücke (einschließlich einiger fragmentarisch überlieferter und drei Duplikate) in 109 Akten der *Vitae Pomeranorum*, d.h. im Durchschnitt enthält etwa jede 60. Akte Musik. Vergleicht man das mit dem Musikanteil der 70000 Einzeldrucke von Leichenpredigten, die Wolfgang Reich 1962 auf dem Gebiet der DDR untersucht hat, so ergibt sich ein etwas höherer Musikanteil als im allgemeinen Durchschnitt: ca. 1,7% zu "etwas mehr als 1%".[39] Dies ist insofern bemerkenswert als der sächsisch-thüringische Raum, dem der weitaus größte Teil der von Reich untersuchten Bestände entstammt, gleichzeitig ein hervorragendes Zentrum der Musikpflege war, was von dem sprichwörtlich musikfernen Pommern zu keiner Zeit gesagt werden kann. - Nicht aufgenommen in diese Statistik und auch nicht in Gieses Katalog sind schließlich die 58 Aktennummern mit zum Teil mehreren Texten von Arien, Chorälen und ganzen Kantaten, die ohne Noten gedruckt wurden.

c) Regionale Verbreitung, Musikdrucker

Spricht man vom Einzugsgebiet der Musik in den *Vitae Pomeranorum*, so lassen sich der Bestimmungsort der Musik, der Druckort und der Wohnsitz der Autoren unterscheiden. Schon wegen der begrenzten Möglichkeiten für Notendrucke in Pommern fallen diese Kategorien häufig nicht zusammen.

---

[36] Die Arie aus VP 13 zur Hochzeit von Jacob Balthasar und Anna Catharina Gerdes ist auch in VP 2.2 vorhanden, die Arie aus VP 34 (II) zur Beerdigung von Christina Böttcher auch in 4a.1 (I).

[37] VP 6.1 Traur-Cypressen zur Beerdigung von Christoph Caden, VP 53 Arie zur Beerdigung von Hartwig von Hoben.

[38] Außerden gibt es in VP 171d, fol. 612f. ein anonymes Stück ohne Noten: zur Hochzeit von Christian Daetrius und Anna Regina Gerdes.

[39] Reich, 1962, S. 161.

In die *Vitae Pomeranorum* wurden eine Reihe von Gelegenheitsmusiken aufgenommen, die nicht aus Pommern stammen: drei aus Jena, zwei aus Rostock (sowie zwei weitere ohne Noten), eine aus Danzig.; hier sind Bestimmungs-, Kompositions- und Druckort jeweils identisch. In Pommern ist dies am häufigsten in der Residenzstadt Stettin der Fall, wo überhaupt die günstigsten Bedingungen für Gelegenheitswerke herrschten. Hier etablierten sich seit der Reformation mehrere Drucker - 1533 erschien der erste Buch-, 1576 der erste Notendruck in Pommern[40] -; hier gab es eine große wohlhabende Bürgerschaft und ein vielfältiges kulturelles Leben, das auf musikalischem Gebiet gewissermaßen eine „Schule" von Arien- und Kantatenkomponisten hervorbrachte. So sind von den 110 verschiedenen mit Noten erhaltenen Musikwerken der *Vitae Pomeranorum* nachweislich mindestens die Hälfte (tatsächlich wohl eher zwei Drittel) für Stettin geschrieben; darunter der größte Teil der Sammlung von Hochzeitsmusiken in VP 171. An zweiter Stelle rangiert die Universitätsstadt Greifswald, in der 1581 die zweite Druckerei des Landes eröffnet wurde, mit nur vier Stücken; allerdings wurden sechs weitere für auswärtige Verwendung hier gedruckt. Andere pommersche Bestimmungsorte begegnen nur singulär, nämlich Angermünde, Anklam, Colbatz, Falckenwalde, Gartz, Gollnow, Jarmen, Kammin, Kolberg, Neu-Stettin, Oderberg, Pasewalk, Stralsund, Stolp, Usedom, Wusterhusen.

An Wohnorten der Autoren (Dichter und/oder Komponist) waren außerdem zu ermitteln: Jakobshagen, Loitz, Morgenitz, Stargard, Stralsund und Süllfeld sowie außerhalb Pommerns noch Frankfurt an der Oder und Neubrandenburg. Hier zeigt sich, daß das Schaffen von Gelegenheitswerken durchaus nicht auf wenige Städte beschränkt war, sondern einem vielerorts vorhandenen Bedürfnis entsprach. (Tatsächlich erstreckte sich das Schaffen von Gelegenheitsmusiken und vor allem –gedichten in Pommern noch auf eine Reihe weiterer Ortschaften, die aber in den *Vitae Pomeranorum* keine Rolle spielen.) Ein Beispiel für die lokale Verflechtung solcher Werke bietet etwa VP 54. Die dort erhaltene Hochzeitsmusik dichtete und komponierte der aus Gransee stammende Kantor des Anklamer Ratsgymnasiums Paulus Peetschius für die Hochzeit des Anklamers Daniel Keddel und der in Jarmen wohnenden Maria Jacobi; die Hochzeit fand am 25. Oktober 1676 in Jarmen statt, der Druck der Hochzeitsmusik erfolgte in Greifswald beim Universitätsdrucker Matthaeus Doischer.

---

40 Vgl. Kittler, S. 176f. und Köhler, S. 144.

Als Städte für Notendruck kamen in Pommern fast nur Stettin und Greifswald in Frage. Hier lassen sich für Stettin 85, für Greifswald zehn Drucke in den *Vitae Pomeranorum* nachweisen, daneben nur noch in Stralsund und Stargard je ein Werk. Anders steht es mit dem Druck der 58 Musikwerke *ohne* Noten, d.h. nur mit den vertonten Texten, Besetzungsangaben der Stimmen etc..[41] Hier stammen die meisten aus Greifswald (15)[42], elf aus Stargard, nur acht aus Stettin, sechs aus Stralsund und zwei aus Kolberg.[43] Da der größte Teil dieser Stücke erst im zweiten Viertel des 18. Jahrhunderts gedruckt wurde, zeigt die Verteilung, daß die Veröffentlichung von Hochzeits- und Trauermusiken, entsprechend der in den zwanziger Jahren überregional anhebenden Kritik, in der Metropole Stettin eher außer Mode kam als sonst in Pommern.

Die folgende Generalübersicht der Druckorte und Drucker bietet zu einigen Druckern weitere Informationen:

Stettin:
Gabriel Dahl: VP 171,243f. (1701), 171,258f. (1701), 171,260f. (1701), 171,268 (1701), 171,283f. (1701), 171,287f. (1701), 171,293f. (1702), 171,301f. (1702), 171,297f. (1703), 171,299f. (1703),), 171,305f. (1703), 171,307 (1703); (ohne Noten): VP 50b (1703), VP 62a (1705)
Her(r)mann Gottfried Effenbarth, Stettin: VP 23.2 (1717), 30.3 (1718), 33.2 (1720), 37.3 (1720); (ohne Noten:) 24.1 (1717), 40 (1719), 15.3 (1732)
Georg Götzke: VP 12 (1653), 83 (1654), 11.1 (1656), 59 (1659)

Götzke wurde 1582 in Stettin geboren und arbeitete von 1605 bis zu seinem Tod 1663 als Drucker. Zwischen 1647 und 1654 druckte er neun Werke des Hoforganisten Rautenstein.[44]

Michael Höpf(f)ner, Witwe: VP 14,2(I) (1656), 35 (1680), 32.2b (1683)
Samuel Höpfner: VP 171,24ff. (1683), 171,75f. (1691), 171,104f. (1692), 171,117f. (1693), 21.2(II) (1693), 171,175f. (1696), 171,184f. (1697),
Samuel Höpffner, Witwe: VP 171,218f. (1699), 171,220f. (1699), 171,222 (1699), 171,224f. (1700), 171,241f. (1700),
Samuel und Johann Höpfner: VP 171,40f. (1689),171,43f. (1690), 171,42f. (o.J.)

---

[41] Darunter befindet sich ein Duplikat (VP 29.3 = VP 37.2) sowie ein Trinklied (VP 169), das nicht erkennbar zu einer bestimmten Gelegenheit komponiert wurde.

[42] Von Greifswald aus wurden auch andere Bestimmungsorte mit Drucken versorgt: Demmin, Mittelfelde, Wolgast, Anklam.

[43] Die übrigen sind ohne Druckangabe oder wurden außerhalb Pommerns gedruckt.

[44] Köhler. S. 519f.

Friederich Ludwig Rhete: VP 171,88f. (1692), 171,135f. (1694), 4a.1(II) (1695), 171,148f. (1695), 171,150f. (1695), 171,154f. (1696), 171,171f. (1696), 171,173f. (1696), 171,186f. (1697), 171,194f. (1697)
Rhete entstammte einer Buchdruckerdynastie, die seit 1577 in Stettin nachweisbar ist.[45]
Johann Friderich Spiegel (ohne Noten): VP 167 (1727), 46 (1745)
Daniel Starck: VP 35 (1672), 171,14f. (1672), 34 (1680), 21.2(I) (1688), 4a.1(I) (1695), 171,146f. (1695), 171,152f. (1695)

Greifswald:

Johannes Albinus (Hans Witte): 24.3 (1620), 30.2 (1622)

Albinus „ war spätestens seit ... 1617 als Nachfolger von Augustin Ferber (II) Buchdrucker in Greifswald.... Er wurde 1560 in Apenrade (Schleswig) geboren, 1586-1599 war er Buchdrucker in der fürstlichen Officin in Barth. 1608-1617 druckte er in Lübeck, 1616 auch in Rostock. Albinus starb am 25.2.1629, seine Erben setzten bis 1633 die Druckerei fort." Albinus druckte 1619 und 1620 zwei andere Werke von Brunnemann.[46]

Matthaeus Doischer: VP 6.1 (1662), 37.1 (1673), 54 (1676). ohne Noten: 37.2 (1666)

Doischer war „1659-1681 Drucker an der Universität Greifswald, erwarb 1660 den Titel eines akademischen Druckers. Nach seinem Tode (1681/82) führte seine Frau die Officin weiter." Doischer druckte 1662 drei Werke von Rubert und zwei von Peetschius.[47]

Augustin Ferber(ianus): VP 109 (1608) Die Noten sind innerhalb des Druckes handschriftlich.

Augustin Ferber (II) führte seit 1588 in Rostock die Hauptofficin seines gleichnamigen Vaters fort. „In Greifswald erbte er 1602 die Officin seines Vaters ... und druckte 1602 bis 1617 als Typograph der Universität. 1615 erhielt er zusätzlich die Bestallung zum „Fürstlichen Wolgastischen Canzleibuchdrucker.... Durch Professoren und Studenten initiierte Mißhandlungen veranlaßten ihn im Mai 1617 zur Aufgabe der Druckerei. „ Danach arbeitete er wieder in Rostock, zuletzt in Stralsund.[48]

Carl Höpf(f)ner (ohne Noten): 17.1 (1723), 37.3 (1732), 61a(IV) (?)

Ferdinand Röse (ohne Noten): VP 165a (1792)

Daniel Benjamin Starck: VP 2.2 (1684), 10b (1683), 36.3 (1698), 46 (1700); (ohne Noten:) 18.1 (1688)

Hieronymus Johann Struck (ohne Noten): VP 66.2 (1743), 30.2(I) (1743), 65 (1744), 23.2(I) (1745), 2.2(III) (1746) 50(III) (1746), 50(IV) (1747), 50(V) (1748), 30,2(II) (1755)

---

[45] Ebd., S. 521f.
[46] Ebd., S. 516.
[47] Ebd., S. 517.
[48] Ebd., S. 517f. Köhler liest offenbar das Wort „Praelus" (= Presse) im Titel von VP 109 als „Paulus" zurecht und meint von daher irrtümlich, in Greifswald sei 1608 auch ein „Paul Ferber" als Drucker tätig gewesen.

Stralsund:

Michael Meder(us): VP 129 (1641). ohne Noten: 3.2 (1678)

    Meder war Sohn eines Ulmer Buchdruckers. Seit 1634 ist er in Rostock, seit 1638 in Stralsund nachweisbar; er starb dort 1690. Als Drucker und Buchhändler war er von 1637 bis 1689 tätig, die meiste Zeit zusammen mit seinem gleichnamigen Sohn. Meder pflegte einen ausgedehnten Buchhandel mit Danzig und anderen polnischen Städten; er galt als wohlhabend.[49]

Georg Christian Schindler (ohne Noten): VP 50(I) (1730), 50(II) (1730), 2.2 (1731), 16.2 (1733), 6.3 (1735),

Georg Christian Schindler, Witwe (ohne Noten): VP 20.2 (1750)

Stargard:

Berger Campen: VP 14.2(II) (1682)

Johann Nicolaus Ernst (ohne Noten): VP 48b(I) (1702)

Johann Nicolaus Ernst, Witwe (ohne Noten): VP 21.2 (1719), 57 (1719)

Johann Christ. Falck (ohne Noten): VP 52a (1745)

Johann Tiller (ohne Noten): VP 51 (1723), 54 (1725), 24.2 (1726), 61a(I) (1727), 61a(II) (1727), 61a(III) (1727), 56 (1732)

Kolberg:

Tobias Christoph Till (ohne Noten): VP 23.2 (1747), 55.1 (1747)

An Druckorten und Druckern außerhalb Pommerns begegnen in den *Vitae* folgende:

Rostock:

"Haredum Richelianorum": VP 77 (1624)

Stephan Müllman: VP 105a (1610)

Niclas Schwiegerau (Nicolaus Schwiegerowius) (ohne Noten): VP 53 (1705), 55 (1706)

Jena:

Nisische Druckerei: VP 168(I) (1679)

Johannes Weidner(us): VP 157 (1613)

Johann Werther: VP 168(II) (1679)

---

[49] Ebd., S. 522.

Danzig:
Thomas Johann Schreiber (ohne Noten): VP 123 (1733)

d) Herausbildung verschiedener Typen

In den etwa 6000 erhaltenen Personalakten der *Vitae Pomeranorum* finden sich ca. 12000 Gedichte. Von diesen sind weniger als 200 eigens vertont bzw. auf vorgegebene Melodien gesungen worden. Viele der übrigen Gedichte wären auch von vornherein nicht für eine Vertonung in Frage gekommen, z.B. Hexameter oder Sonette. Solche Typen, die schon auf der sprachlichen Ebene einen prägnanten Formwillen erkennen lassen, passen sich schlecht in die üblichen musikalischen Satzstrukturen ein. Dafür eignet sich entweder ungebundene Dichtung, wie häufig in der älteren polyphonen Motettentradition, die ihrerseits häufig als „musikalische Prosa" erscheint, oder metrisch reguläre Reimdichtung, die sich leicht mit dem seit dem Frühbarock vorherrschenden Periodenbau aus Taktgruppen in Zweierpotenzen in Einklang bringen läßt, d.h. im einfachsten Fall vier oder acht vierhebige alternierende Verse hat. Freilich genügen derartige volkstümliche Formen oft nicht den barocken Bedürfnissen der Zeit, so daß sich als Kompositionsvorlagen oft variierte und erweiterte Formen finden, z.B. Strophen aus sechs Versen im daktylischen Metrum. In aller Regel handelt es sich aber um gleichgebaute Strophenformen mit regulärer Periodik.

Betrachtet man unter den vertonten Gedichten zunächst die mit Noten überlieferten Stücke mit Ausnahme der einheitlichen Sammlung VP 171, so verteilen sie sich - soweit datiert - über einen Zeitraum von 1608 bis 1720, allerdings nicht gleichmäßig. Bedingt durch den Dreißigjährigen Krieg, der seit Ende der 1620er Jahre Pommern stark in Mitleidenschaft zog, findet sich zwischen 1624 und 1653 nur eine einstimmige Choralmelodie.[50] Der Höhepunkt der Produktion liegt um 1680; die Hälfte der Stücke ist zwischen 1670 und 1700 entstanden. 31 Stücke haben einen hochdeutschen Text, eines einen niederdeutschen und drei einen lateinischen. Die vier Ausnahmen stammen alle aus der noch humanistisch geprägten Frühphase bis 1624. Auch musikalisch lassen sich deutlich zeittypische Formen und Satztypen unterscheiden. Im wesentlichen gibt es drei Typen: polyphone Motetten, homophone Chorsätze bzw. Choräle und schließlich Strophenarien mit Generalbaß und Instrumentalbegleitung. Außer-

---

[50] VP 129.1 zum Gedächtnis an die verstorbene Hedwig Rantzow 1640/41.

dem begegnen noch Kanons, einstimmige Melodien und ein Notenbild. Diese heterogene Gruppe von vier Stücken sowie vor allem die ebenso kleine mit polyphonen Motetten gehören alle der ersten Hälfte des Zeitraums von 1608 bis 1720 an. Sie sind als Ausläufer der klassischen Vokalpolyphonie des 16. Jahrhunderts, eventuell auch manieristischer Strömungen zu betrachten. Der Typus des homophonen Chorsatzes erscheint noch bis 1679. Die fünf Trauerchöre sind alle streng choralartig gesetzt, während die zwei Hochzeitschöre etwas beweglicher gestaltet sind.

Wie Wolfgang Reich feststellt, ist „seit 1672 das instrumental begleitete Sololied in Stettin die ausschließliche Form der Begräbnismusik, ohne daß irgendwelche Übergangsstadien auf einen Entwicklungsprozeß hingedeutet hätten."[51] Tatsächlich hat die Strophenarie auch in den *Vitae Pomeranorum* schon 1680 alles andere verdrängt. Nur vier der zwanzig Strophenarien (außerhalb VP 171) haben kein Instrumentalritornell; sie sind ausschließlich Trauerarien, während bei den Arien mit Ritornell bzw. Sinfonia die Hochzeitsarien dreimal so häufig wie die Trauerarien sind. Offenbar verband man mit den Instrumentalzwischenspielen noch leicht tänzerische Assoziationen, die sich besser zur Hochzeit als zum Tod schickten (es sei denn, man wollte einen Totentanz andeuten). Gleichwohl ist auch in der Begräbnismusik dieser „neuen Epoche" „das Zurücktreten des Choralvorbildes zugunsten einer ausdrucksgesättigten Tonsprache" festzustellen.[52] Der Typus der Strophenarie mit Ritornell dürfte vor allem durch die in den sechziger Jahren verbreiteten Arien von Adam Krieger Mode geworden sein. Seine anhaltende Beliebtheit ist nicht nur in dem angenehmen Kontrastwechsel von Singstimme und Instrumentalklang bei gleichzeitig geringem Aufwand begründet, sondern auch in den diversen reizvollen Besetzungsmöglichkeiten der Instrumente. In den Ritornellen, mitunter aber auch zur Begleitung der Singstimme, erscheinen neben dem Generalbaß meist Geigen und Gamben, aber auch Flöten, Oboen, Fagotte und Jagdhörner.

Eine besondere Rolle spielen für die Musik in den *Vitae Pomeranorum*, wie schon gesagt, die Kassetten VP 171. Während die übrigen mit Noten erhaltenen Werke zu etwa gleichen Teilen aus Trauer- und Hochzeitsmusiken darstellen, bieten die doppelt so zahlreichen 72 Werke der vier Kassetten VP 171 ausschließlich Hochzeitsmusiken Stettiner Provenienz, die offenbar unter die-

---

[51] 1962, S. 90.
[52] Ebd.

sem speziellen Gesichtspunkt gesammelt wurden.[53] Auch musikalisch ist das Bild sehr einheitlich auf den Typus Strophenarie mit Instrumentalritornell beschränkt. Die fünf Komponisten dieser Arien - nur sieben Stücke sind anonym überliefert - gehören alle zur "Stettiner Schule"[54]: Hieronymus Jen(ne)rich, Christian Spahn, Friederich Gottlieb Klingenberg, Michael Rohde und Theophilus Andreas Volckmar. Der wichtigste unter ihnen ist der Organist an St. Jacobi und St. Johanni Klingenberg, von dem in dieser Akte allein 30 Arien stammen, die zwischen 1699 und 1711 gedruckt wurden.[55] Der quantitative Höhepunkt des Musikschaffens innerhalb der Kassetten VP 171 liegt mit 31 Stücken im ersten Jahrzehnt des 18. Jahrhunderts. Gleichzeitig ist hier mit 38 Stücken (vor den Neunziger Jahren mit 24) der Höhepunkt der *gesamten* Musik in den *Vitae Pomeranorum*, einschließlich der nur textlich dokumentierten Werke.

Abgelöst bzw. überboten wurde der von den Stettiner Komponisten entfaltete Typus erst durch das Vordringen der aus der Oper stammenden, musikalisch ausgeweiteten Da-capo-Arie und ihrer mehrmaligen Verbindung mit Rezitativen, eventuell auch Chören, zur Kantate. Diese erheblich vergrößerte Form, die am häufigsten zur Beerdigung von Adeligen begegnet, war nicht zuletzt drucktechnisch von erheblichem Aufwand und hätte in der Funktion als Anhang einer Leichenpredigt den angemessenen Rahmen gesprengt. Aus diesen Gründen beschied man sich in aller Regel damit, nur den vertonten Text im Druck wiederzugeben. Dadurch war immerhin die Aufführung der Musik dokumentiert. Außerdem finden sich in vielen solcher Drucke mehr oder weniger detaillierte Angaben zur Form und zur Besetzung der einzelnen Kantatenteile.

Die 58 Nummern der *Vitae Pomeranorum*, die musikalische Texte ohne Noten enthalten, stammen aus den Jahren 1657 bis 1804. Nur sechs von ihnen gehören der zweiten Hälfte des 17. Jahrhunderts an. Sie haben noch nichts mit der eben beschriebenen Ablösung zu tun. Im Gegenteil: bei den ältesten Nummern[56] handelt es sich um hochzeitliche Hirtenlieder im genus humile, zum Teil mit fremden Melodieangaben, so daß sich der Notendruck erübrigte. Während

---

[53] Durch diese spezielle Sammlung haben die Hochzeitsmusiken in den *Vitae* ein starkes Übergewicht, während bei Gelegenheitsmusiken sonst im allgemeinen die Trauermusiken überwiegen; was die bloßen Gedichte betrifft, gilt dies auch für die *Vitae*.

[54] Vgl. dazu Reich, 1962, S. 89ff.

[55] 18 in 171b, 5 in 171c, 7 in 171d. Weitere Arien sind in VP 23.2, 30.3, 33.2, 37.3 erhalten.

[56] VP 30.1: Drei Lieder zur Hochzeit von Henricus Priester und Catharina Rehfeld, 1657; VP 29.3: Hirtenlied für Georg Heinrich Pilgram, 1664 und identisch VP 37.2: Hirtenlied zur Hochzeit von Johannes Stephan und Maria Rhaw, 1666.

auch die mit Noten überlieferten Arien überwiegend zur Gelegenheit einer Hochzeit gesetzt wurden, konzentriert sich das spätere, ohne Noten überlieferte Schaffen auf Traueranlässe; fünf Siebtel (39) aller Nummern ohne Noten sind für diesen Gebrauch komponiert. Demgegenüber stehen nur elf Hochzeitsmusiken und acht Stücke für andere Anlässe.[57] Dies dürfte mit der besonderen Repräsentationsbedeutung des Beerdigungsritus zusammenhängen, für den jetzt immer häufiger ausgewachsene Kantaten komponiert wurden.

Was die Verteilung der musikalischen Typen betrifft, so lassen sich von den 57 verschiedenen Nummern (nur noch) die Hälfte, 28, als liedartige Strophenarien bestimmen, fast ebenso viele, 24, als Kantaten. Daneben spielen noch Choräle nach vorgegebenen Melodien eine gewisse Rolle; in drei Fällen erscheinen sie auch innerhalb von Kantaten.

Die erste Kantate begegnet 1702 und ist hier noch als Concert bezeichnet.[58] Sie besteht lediglich aus einem Chor und einer dreistrophigen Aria, allerdings mit differenzierten Angaben zur wechselnden Vokal- und Instrumentalbesetzung. Die Jahre bis 1730 kann man als Übergangsphase betrachten. Darin finden sich immer noch mehr Arien als Kantaten, wobei der Notendruck ab 1720 ganz ausgefallen ist und auch die Arien jetzt nur textlich wiedergegeben werden. Der Grund hierfür dürfte außer in einer Anpassung an die Kantatenwiedergabe in der damaligen Umstellung des Notendrucks auf den wesentlich aufwendigeren Notenstich liegen. Ab 1730 begegnen nur noch wenige Einzelarientexte. Die Neigung zu Kantaten hat sich allgemein durchgesetzt, bis hin zu dem ausgewachsenen allegorischen Oratorium, das der Danziger Marien-Kapellmeister Johann Balthasar Christian Freislich 1733 auf den Tod des Landesherrn, Augusts II. ("des Starken") von Sachsen und Polen, schrieb.

Nachdem die Kantatenproduktion in den vierziger Jahren ihren quantitativen Höhepunkt erlebte, bricht sie um 1750 erstaunlich abrupt zusammen. Im Zuge der Aufklärung, des Pietismus und des Bedürfnisses nach "Natürlichkeit" mußten die traditionellen Funeralgebräuche mitsamt den rhetorisch-pathetischen Lobgedichten und -musiken als mehr oder weniger künstlich und schwülstig erscheinen. Das letzte, schon ganz vereinzelte Kantatenprogramm ist aus dem Jahr 1777.[59]

---

[57] Je eines zur Pastoreneinführung, Königsgeburtstag, Professorenernennung, Konsulernennung, Rektorernennung, Universitätsvisitation, Sechswochenfeier sowie ein Trinklied.

[58] VP 48b: *Musicalisches Trauer-Concert* zur Beerdigung von Ilsabe Emerentia von Ramel.

[59] VP 122: Trauermusik zur Beerdigung von Arnold Engelbert Buschmann.

Als Anhang mit eigenartiger historischer Verspätung finden sich aber aus den Jahren 1773 bis 1804 noch fünf musikalisch anonyme Trauerstücke mit schwedischen Texten sowie eines mit deutschsprachigem Text, der sich auf einen schwedischen Anlaß bezieht. Zuvor gab es nur aus dem Jahr 1671 eine schwedische Strophenarie, von Dr. Johannes Nicolaus Rudbeck "eenfaldeligen componerat", wie er selbst unterschreibt. Auch bei den späteren schwedischen Arien handelt es sich um auffallend anspruchslose, immer nur sehr kurze Lieder, bei der deutschen Trauermusik zum Tod König Gustavs III. um eine kleine vierteilige Kantate. Der schwedische Anhang spiegelt insgesamt nicht unbedingt die literarische und musikalische Zurückgebliebenheit, sondern in erster Linie die moderne, gewandelte Einstellung zum Traueranlaß: weniger standardisiertes Pathos, mehr subjektive Gefühle.

In den meisten Drucken, auch denen ohne Noten, sind neben Erscheinungsort und -jahr, Autorennamen genannt, nur selten jedoch Dichter und Komponist unterschieden. Mehrfach läßt sich nicht sicher entscheiden, ob sich der Name auf die Dichtung, die Komposition oder auf beides bezieht. Letzteres dürfte, gerade wenn der Autor ein Dilettant und kein Fachmann ist, häufiger der Fall sein. Dahinter steht das (freilich nicht immer überzeugende) Bestreben, seine Bildung und Kunst in mehrfacher Weise zur Geltung zu bringen. Unter den Dilettanten finden sich desöfteren Studenten und Pastoren. Die Berufsmusiker sind zuallermeist Organisten, größtenteils aus Stettin, aber auch aus Stralsund, Greifswald und Stargard, vereinzelt auch aus Anklam und Kolberg.[60] Auffällig ist, daß bis zur Mitte des 17. Jahrhunderts in den *Vitae* gar keine pommerschen Komponisten auftauchen; von den sechs erhaltenen Kompositionen aus der ersten Jahrhunderthälfte stammen die beiden größten, Motetten, aus Rostock, zwei aus Neubrandenburg, eine aus Jena, eine ist anonym. Erst 1653/54 tritt der Stettiner Hoforganist Julius Ernst Rautenstein mit zwei konservativen, aber anspruchsvollen Motetten hervor. Seitdem wird die Musik in den *Vitae* ganz überwiegend (über 90 %) in Pommern geschaffen. Dabei ist freilich zu bedenken, daß etliche pommersche Berufsmusiker Zugewanderte sind[61], wie der Lauenburger Rautenstein, der aus Berlin gekommene Friedrich Gottlieb Klingenberg oder der Nürnberger Johann Martin Rubert, der in Stralsund als Organist an St. Nicolai wirkte. Von einer gewissen „Schule" kann nur im Fall der erwähnten

---

[60] Außerhalb Pommerns finden sich Berufsmusiker aus Jena (3), Rostock (2), Frankfurt an der Oder und Danzig, dazu Dilettanten aus Neubrandenburg, Neuruppin und Carlskrona.

[61] Vgl. Köhler, S. 137: "Von den 62 zwischen 1585 und 1665 komponierenden pommerschen Musikern waren nur 13 in Pommern gebürtig".

Stettiner Komponisten um 1700 gesprochen werden, die vor allem Hochzeitsarien schufen. Die Kantatenkomponisten stehen dagegen wieder einzeln da.

e) Komponisten

Autoren von Gelegenheitswerken stehen sehr häufig in persönlichen Verbindungen zu den Widmungsträgern. Oft handelt es sich um Verwandte, Kollegen oder Freunde, die ihre Anteilnahme ausdrücken wollen oder sich dazu verpflichtet fühlen, nicht zuletzt um ihr poetisches oder gelegentlich auch musikalisches Niveau zu repräsentieren. Von daher werden Gelegenheitswerke, weit mehr als andere literarische oder musikalische Gattungen, relativ häufig von Dilettanten geschaffen. Für die Dichtung gilt dies verständlicherweise in höherem Grade als für die Musik. Als andere Möglichkeit bietet sich die Beauftragung professioneller Künstler an. Dazu kommt es in der Regel nur für die Musik, während der Dichter meist ein befreundeter Dilettant ist, der oft (offiziell) anonym bleibt. Der Idealfall, der in den *Vitae Pomeranorum* recht oft vorkommt, ist der des befreundeten Komponisten, der auch das der Musik zugrundeliegende Gedicht geschaffen hat. Mehrfach wird ein solches Verhältnis auf dem Titelblatt mit Worten wie: „Von einem guten Freunde" ausdrücklich vermerkt.

Während von Dilettanten oft nur ein einziges Gedicht bzw. Musikwerk überliefert ist, tauchen Berufsmusiker in den *Vitae* zum Teil mehrfach auf. (Professionelle Dichter begegnen nur in Einzelfällen.) Zu nennen sind hier vor allem Komponisten der „Stettiner Kantatenschule", Friederich Gottlieb Klingenberg (34x), Michael Rohde (14x), Hieronimus Jennerich (11x), sodann der ältere Stettiner Hoforganist Julius Ernst Rautenstein (2x). Auch von dem Greifswalder Organisten Abraham Petzold stammen zwei Stücke. Berufsmusiker mit nur einem überlieferten Werk sind: David Aebel (Ebel), Petrus Crohn, Nicolaus Gotschovius, Paulus Peetschius, Georg Quittschreiber, Johann Martin Rubert, Christian Spahn, Theophilus Andreas Volckmar sowie ohne erhaltene Noten: abermals Quittschreiber, Johann Balthasar Christian Freislich, Reinhard Keiser und Johann Törpen. Sie sind zum Teil in der einschlägigen Literatur bekannt, doch sollen hier soweit möglich - die Ausführlichkeit entspricht nicht unbedingt der Bedeutung des Komponisten - kurz vorgestellt werden (mit weiterführenden Literaturangaben):

Friederich Gottlieb Klingenberg, * in Berlin, † 1720 in Stettin, (VP 23.2, 30.3, 33.2, 37.3, 18 x 171b, 5 x 171c, 7 x 171d)

Der aus Berlin stammende Klingenberg war in Lübeck Schüler Dietrich Buxtehudes, genoß von daher eine erstrangige Ausbildung. Außerdem studierte er in Rostock. Bevor er in Stettin ansässig wurde, war er (frühestens seit 1686) in Berlin Organist an der Nicolai-Kirche. Er unterrichtete damals in Musiktheorie Johann Christoph Pepusch, der um 1700 nach England ging und dort später mit *The beggar's opera* berühmt wurde. Klingenberg kam 1699 als ein bereits bekannter Organist und Komponist nach Stettin und wurde dort gleichzeitig Organist an St. Jacobi und St. Johannis, ab 1712 auch noch an St. Gertrud. Anläßlich der Einweihung der neuen Jacobi-Orgel im Jahr 1700 wird er in einem Festgedicht gerühmt als „ein Mann von raren Gaben, von süßer Fertigkeit, an dem wir alles haben, was Kunst und Satz erheischt, ein Berg voll Lieblkeit, der beste Orpheus, ein Jubel unser Zeit". Außer als Organist hatte Klingenberg vertretungsweise auch Aufgaben des Kantors zu übernehmen. Neben den älteren Hieronimus Jennerich und Christian Spahn sowie seinem Schüler Michael Rohde ist er als der wichtigste Vertreter der Stettiner Kantatenschule anzusehen. Außer Kirchenkantaten schrieb er hauptsächlich Gelegenheitswerke, überwiegend Strophenarien mit Instrumentalritornellen, für zahlreiche Hochzeits- und Traueranlässe sowie für städtische Feiern. Seine Arien zeichnen sich einerseits durch eine deutlich rhetorische Textbezogenheit aus, andererseits durch eine abwechslungsreiche spätbarocke Instrumentation, die sowohl traditionelle Instrumente wie Gamben und Zinken verwendet als auch moderne Oboen, Traversflöten und Hörner.

Schwarz II,63-68

Michael Rohde, * um 1681 in Stettin, † 1732 in Stettin, (VP 171c, 13 x 171d)

Rohde gehört neben Theophilus Andreas Volckmar zu den wenigen in Pommern gebürtigen professionellen Komponisten. Er war zunächst Schüler Caspar Beyers und wurde 1706 dessen Nachfolger als Organist an St. Marien in Stettin. „Das völlige Fundament so wohl in der Organisten Kunst als auch der Komposition" erlernte er aber von dem 1699 nach Stettin gekommenen Friederich Gottlieb Klingenberg. Nach dessen Vorbild schrieb er hauptsächlich Kirchenkantaten und Hochzeitsarien, die in ihren opernhaften Koloraturen und der gelegentlichen Da-capo-Form zum Teil über die noch grundsätzlich liedhaften Sätze seines Lehrers hinausgehen.

Schwarz II,75-79

Hieronimus Jennerich (Jenrich), (VP 2 x 4a.1, 21.2, 3 x 171a, 7 x 171b)

Jennerich war von 1668 bis 1698 Organist an den Stettiner Kirchen St. Nicolai und St. Johannis.

Freytag, 44

Julius Ernst Rautenstein, * vor 1600 in Lauenburg, † nach dem 6.3.1654 in Stettin? (VP 12.1, 83)

Rautenstein, ein illegitimer Nachfahre Herzogs Franz I. von Sachsen-Lauenburg kam über Kroppenstedt, Halberstadt, Quedlinburg und Bremen um 1645 nach Stettin, wo er mindestens bis 1651 als Organist am Hof und an St. Marien wirkte. Er war zu seiner Zeit sowohl als Organist wie als Komponist berühmt. Neben der kontrapunktischen älteren Schreibart, wie sie sich in den *Vitae Pomeranorum* präsentiert, pflegte er auch neuere konzertante Stile mit Generalbaß. Seine wenigen erhaltenen Werke sind fast ausschließlich Gelegenheitskompositionen.

MGG (alt), New Grove

Abraham Petzold, * 1659 in Rawitsch (Polen), † 13.5.1702 in Görlitz, (VP 2.2, 10)

Petzold war seit 1683 Organist an den Greifswalder Kirchen St. Nicolai und St. Marien. 1695 taucht er im Ratsprotokoll der Stadt Görlitz vom 15. Juli auf: „Zu Wieder-Ersetzung des Organistendienstes sind die Vota auf Herrn Martin Petzold's, hiesigen Handelsmanns, seinen Bruder, der zu Gryphswald Organist und in gutem Ruf ist, gefallen." Hier wird er Organist an der Hauptkirche St. Peter und Paul. 1698 bewirbt er sich nach dem Tod des Stettiner Organisten an St. Nicolai und St. Johannis um dessen Nachfolge, die jedoch an den Berliner Friederich Gottlieb Klingenberg geht. Gleichwohl schaffte die Stettiner Jacobikirche einige Kompositionen von Petzold an. Nach zeitgenössischen Quellen ist Petzold „ein vortrefflicher Künstler in Spielen und Pedalist, auch sinnreicher Komponist gewesen."

Freytag, 45, 139f., 143; Giese, 222, Gondolatsch, 330f.

David Aebelius (Ebel), * in Lübeck, † in Rostock 1639, (VP 77)

Ebel war Sohn des gleichnamigen Lübecker Petri-Organisten, wurde 1617 Organist an St. Marien in Wismar und 1619 Organist an St. Marien in Rostock; in diesem Amt verblieb er bis zu seinem Tod 1639.

Daebeler, 102f., 147, 220.

Petrus Brunnemann, * in Greifswald, (VP 24.3)

Brunnemann stammte aus Greifswald, Sohn des Konsuls Brunnemann, studierte in Greifswald.

Köhler, 484

Petrus Crohn, (VP 37.1)

Crohn (oder Croen) kam 1670 aus Doberan nach Greifswald, wo er Organist an der St. Marien-Kirche wurde. 1674 ist er bereits verstorben.

Stadtarchiv Greifswald: Organistenakte von Friedrich Giese

Andreas Fritzius, * Neu-Ruppin (VP 11.1)

Fritzius war Schüler des Stettiner Paedagogiums.

Köhler, 490.

Severus Gastorius, * 1646 in Öttern bei Weimar, † 1682 in Jena, (VP 168)

Gastorius war seit 1677 Kantor in Jena. Er komponierte vor allem Sterbemotetten. Sein bekanntestes Werk ist das Lied „Was Gott tut, das ist wohlgetan".

MGG (alt), Supplement.

Nicolaus Got(t)schovius, * um 1575 in Rostock, † nach 1624, (VP 105a)

Gottschovius zog 1589 von Rostock nach Stargard in Hinterpommern, wo sein Vater Schulrektor wurde. 1595 schrieb er sich an der Universität Rostock ein, 1598 war er wieder in Stargard als Organist und Notar an St. Marien. Von 1604 bis 1619 wirkte er als Organist an der größten Rostocker Kirche St. Marien. Danach siedelte er endgültig nach Stargard über und nannte sich dort „Reipublicae Stargardiensis Secretarius", war aber auch als Organist und Orgelsachverständiger tätig. Der Schwerpunkt seines Schaffens lag in ein- und mehrchörigen geistlichen Motetten in der polyphonen Tradition Lassos und Eccards. Etliche Werke sind Gelegenheitsmusiken für die Rostocker Bürgerschaft.

MGG (alt), New Grove, Waczkat.

Georg Makuth, (VP 30.2)

Makuth (oder Makoth) war Konrektor und Kantor der Schule in Neubrandenburg.

Caspar Otthomann, (VP 109)

Otthomann war wie Makuth Konrektor und Kantor der Schule in Neubrandenburg.

Paul(us) Peetsch(ius), (VP 54)

Peetschius stammte aus Gransee und wurde in Anklam Kantor der Ratsschule. Zwischen 1662 und 1692 sind von ihm mehrere musikalische Publikationen nachweisbar, von denen die 1662 in Greifswald in der Universitätsdruckerei von Matthaeus Doischer[62] verlegte mehrchörige *Pfingst-Harmonia* bis nach Uppsala gelangte. Bei Daniel Stark in Stettin publizierte er 1672 auch ein musikdidaktisches Werk *Synopsis musica... Das ist: Ein kurtzer und fertiger Unterricht...* in lateinischer und deutscher Sprache.

Eitner VII,351, Giese 213, 218, 221.

---

[62] Köhler, S. 517.

Georg Quit(t)schreiber, * 30.12.1569 in Kranichfeld (Thüringen), † 1638 in Magdala bei Jena, (VP 157)

Quittschreiber war seit 1594 Hof- und Stadtkantor in Rudolstadt, 1598 Schulkantor in Jena und seit 1614 Pfarrer in Hainichen (Sachsen) und Striebitz, seit 1629 Pfarrer in Magdala, Ottstedt und Maina. Er schrieb Sätze im einfachen Kantionalstil.

MGG (alt)

Erdmann Eckhard Rubach, (VP 32.2b)

Rubach lebte in Frankfurt a.d.O.und schickte 1699 ein Leichencarmen zum Tod seiner Schwester nach Stettin.

Johann Martin Rubert, * 1614 in Nürnberg, † 1680 in Stralsund, (VP 6.1)

Rubert kam nach seiner Ausbildung in Nürnberg über Passenberg im Vogtland, Leipzig und Hamburg 1646 nach Stralsund, wo er bis zu seinem Tod als Organist an St. Nicolai wirkte. Er genoss überregionalen Ruhm, begegnet noch in Johann Matthesons *Grundlage einer Ehren-Pforte* (Hamburg 1740) und in Johann Gottfried Walthers *Musiklexikon* (Leipzig 1732). Danach soll er 1650 in Greifswald dreistimmige „Sinfonien, Scherzi, Ballette, Allemanden, Cowranten und Sarabanden" veröffentlicht haben, die aber verschollen sind. Erhalten haben sich Ritornellarien mit mehreren obligaten Vokal- und Instrumentalstimmen, geistliche Konzerte, Kirchenlieder – darunter die älteste Fassung von „Lobet den Herren" – sowie weitere Gelegenheitsmusiken. Rubert gehört stilistisch zu den profiliertesten Komponisten Pommerns im 17. Jahrhundert. Er blieb auch nach seinem Abschied von Hamburg in Verbindung mit der dortigen Liederschule um Johann Rist, der über ihn schrieb: „Du bist der deutschen Welt von Witz und Kunst bekant, Vor allem liebet dich Schwan". Eine ehrenvolle Rückberufung nach Hamburg schlug Rubert 1655 aus.

Lit.: Giese, 222f., Köhler (s. Reg.), Schwarz II, 46-52, MGG (alt), New Grove.

Christian Spahn, * Stettin, (VP 34, 3 x 171a)

Spahn war Ende des 17. Jahrhunderts Notarius publicus und Organist an der St. Jacobi-Kirche in Stettin.

Freytag, 8.

Theophilus Andreas Volckmar, * 1684 in Stettin, † 1768 in Stettin, (VP 171d)

Volckmar war der Sohn des Stettiner Organisten an St. Gertrud sowie an St. Peter und Paul Johann Arnold Volckmar und wurde an letztgenannter Kirche 1708 Nachfolger seines Vaters. 1712 ging er aber als Organist an St. Trinitatis nach Danzig, wo er 1717 auch die Organistenstelle an St. Katharinen übernahm. 1730 kehrte er nach Pommern zurück, zunächst als Organist von St. Marien nach Köslin, 1733 nach Stettin als Organist an St. Nicolai, 1747 endlich an die größte Kirche St. Jacobi. Die vielfachen Schwierigkeiten, in die Volckmar während seines unruhigen Lebens verstrickt war, resultieren zum Teil aus seinem eigenwilligen Charakter, zum Teil aber auch aus seinem modernistischen Stil, der sich schlecht in die kirchlichen Traditionen einpaßte. Neben Kirchenkantaten und Gelegenheitsmusiken sind von Volckmar Sonaten für Tasteninstrumente und für Violine mit Generalbaß erhalten.

Schwarz II,80-87

Bei den Autoren Peter Hagen (Pastor in Süllfeld, VP 129) und O.B. von Schwerin (VP 14.2) ist nicht klar, ob sie als Dichter oder (auch) als Komponisten der jeweiligen Werke zu betrachten sind.

Unter den Komponisten, deren Werke in den *Vitae* ohne Noten überliefert sind, finden sich nur wenige bekannte Namen. Der berühmteste unter ihnen ist der Hamburger Opernkomponist Reinhard Keiser (1674-1739). In VP 55,2 wird 1706 in Rostock zur Beerdigung von Lucia Vogelsang eine umtextierte Arie aus seiner Oper *Die Macht der Tugend* verwendet.

Ein anderer bekannter auswärtiger Komponist ist Johann Balthasar Christian Freislich, von dem das bei weitem größte Musikwerk in den *Vitae Pomeranorum* stammt, das allegorische Oratorium auf den Tod Augusts II. (des Starken) als König von Polen (VP 123). Freislich (getauft 30.3.1687 in Bad Salzungen, † 1764 in Danzig) wurde 1719/20 Hofkapellmeister in Sondershausen und 1731 als Nachfolger seines Halbbruders Maximilian Dietrich Kapellmeister an St. Marien in Danzig, der größten Kirche des Ostseeraums. Dort blieb er bis zu seinem Tod und komponierte häufig doppelchörige Kantaten, Passionen und andere geistliche Werke, daneben auch eine Reihe von Gelegenheitswerken für private und politische Anlässe. Freislich war sowohl berühmt für seine polyphone Schreibart im stile antico als auch für seine moderne, koloraturenreiche Schreibart nach italienischem Muster. (S. MGG, New Grove, H. Rauschning, *Geschichte der Musik und Musikpflege in Danzig*, Danzig 1931.)

Komponisten, die in den *Vitae* schon mit Noten vertreten sind, kommen mit Werken ohne Notenüberlieferung nur ausnahmsweise vor: Friedrich Gottlieb Klingenberg (24.1, 62a).

Die Namen der übrigen Komponisten – oder Dichter (?) - sind folgende:

Beligh (VP 6.3)

Aegidius Bohm ? (VP 21.2, 51)

J.P. Brüseke (Organist an St. Jacob in Stralsund (VP 20,2).

Joachim David Calsow ? (VP 15.3): (ein Nicolaus Calsow war 1626-1629

Kantor in Grimmen, dann dort Rektor (Köhler, S. 485))
Johan Christoph Escherich ? (VP 122)
Samuel Estler ? (VP 18.1)
G.E. Von der Goltz ? (VP 46)
Adam Grü(t)zmacher, (Schulkantor in Greifswald (VP 29.3, 37.2, 61a))
Michael Irmisch (VP 48b)
M. Johann Christoph Jännling ? (VP 48b)
Johann Fritz von Palthen ? (VP 50)
Malthe Friederich und Anshelm Carl zu Putbus (VP 30.2)
Christophor Raupach (Organist an St. Nicolai in Stralsund (VP 2.2))
Daniel Rehberg ? (VP 40)
Johann Nicolaus Rudbeck (VP 138a)
Johann Törpen, (Kantor der Schule zu Anklam (VP 50 (IV))
E.J.Vick (VP 50 (I)
Ludewig Wilhelm Weissenberg, (Kantor ? (VP 50 (III)).

III: Ausgewählte Werke

VP 109: Casparus Otthomannus

Fuga 4. Vocum

Lu-stig und frö-lich wolln wir seyn,
Lu-stig und frö-lich wolln wir seyn,
Lassn fahrn die da zor-nig seyn.
Lassn fahrn die da zor- nig seyn.

Fuga 4. Vocum

Con-sci-a mens — Gwissen rein und schon/
rec-ti fa- — Acht nichts der bösen Lügn und hohn.
mae men-da-ci-a — Gwonnen oder verlohren/
ri- det. — Die Liebe macht manchem zu Thoren.

VP 24.3: Petrus Brunnemann

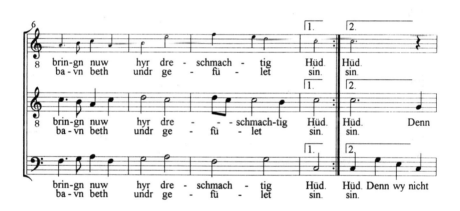

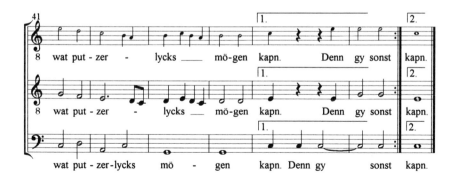

2. Darumb folgt unserm Xempel na/
Und singt dat Rundinellula,
Wesst mit den frölyken frölyck syn/
Und prövet wol den Köstenwyn.
   Latet dat Glaß nicht stille stahn/
   Sondern de Becker herrümmer gahn/
   Dem Brüdigam und Brudt tho ehren/
   Dat kann uns jo niemand vorkehrn/
Denn dat ys so een olde wyß/
Und reckt den Brudtlüden thom Pryß/
Wenn er Gest fick lustich makn/
Doch nicht na Stanck und Schlegen stackn.

3. Wy willn ock wünschn van herten grundt/
Dat dith par Vilcks veel Jahr gesundt/
In Frewd und Einheit mög blyven
Und sick nicht mit eenander kyven/
   Sondern Levken und Pöpken myn/
   Des Brüdgams stedig Koltz mög syn/
   Daryegen die Brud beyd Dach und Nacht/
   Ers Heren Willn mit lust vormacht/
Gott fülle en yo mit Seegn dat Huß/
So kryg wy baldt noch einen Schmuß/
Wenn op de Bung nu folgt dat klingn/
So will wy denn van Joseph singn.

VP 77: David Aebelius

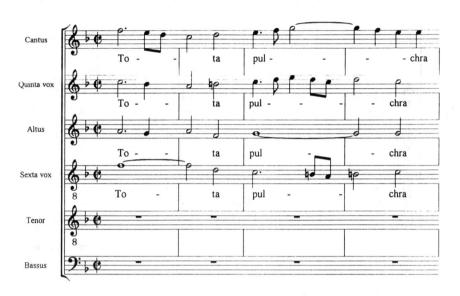

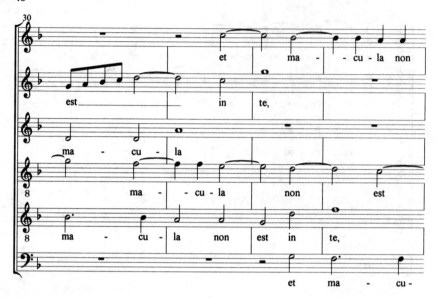
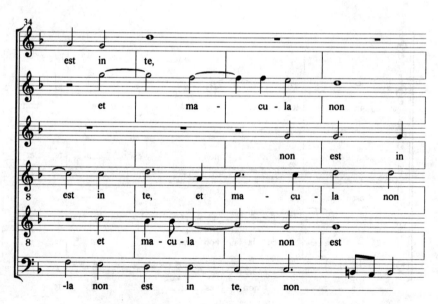

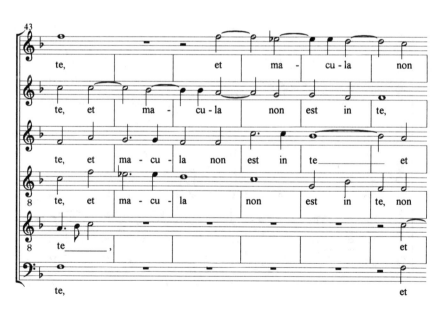

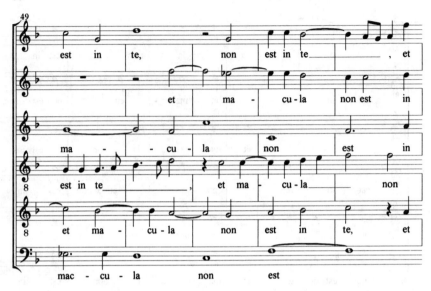

51

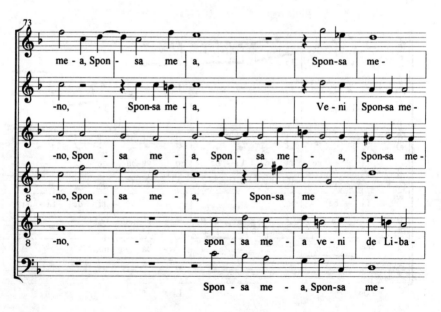

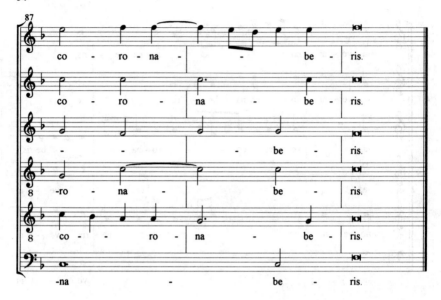

VP 37.1: Petrus Crohn

3. Ceres springt auf allen Reinen/
mit der frohen Bauer-Welt/
Umb die Tennen umb die Scheunen/
umb das abgethane Feld/
Pflocket Blumen/ windet Kräntze/
führet Liebe-Lobe-Täntze.

4. Ihr auch Götter und Göttinnen/
nur nicht ohne Sterbligkeit/
Lebet nach des Himmels-Sinnen/
dem ihr sonst gantz ähnlich seyd/
Pflocket Blumen...

5. Hier steht riechender Lavendel/
da gesunde Saturey/
Eißwig/ Poley/ Narde/ Quendel/
Tausendschön und allerley/
Pflocket Blumen...

6. Müntze/ Roßmarin/ Zypressen/
Nelcken/ Scharlach/ Amaranth/
Bleiben gleichfalls unvergessen/
und was noch nicht ist genant.
Pflocket Blumen...

7. Pflocket/ windet umb die wette/
Alles soll von Farben seyn/
Führet auff ein Blumen-Bette/
legt die zwei Verliebten drein/
Pflocket Blumen...

8. Legt sie drein/ pflockt/ windet immer/
streuet auff das Liebe-paar/
Tanzet umb ihr buntes Zimmer/
und umbschrenckt sie gantz und gar/
Pflocket Blumen...

9. Lobe-Täntze/ so die Wercke/
der Welt Mehrerin vermehr'n/
Und des grossen Knabens Stärcke/
den die Cyprus-Bürger ehr'n/
Pflocket Blumen...

10. Pflocket/ windet/ streuet/ springet/
tantzet/ jauchzet/ was ihr könt/
Aller Himmel hats gedinget/
alle Welt ist so gesinnt/
Pflocket Blumen...

11. Biß der Gott der güldnen Gluten/
der die braunen Mohren brennt/
In die Hesperischen Fluten/
freygelaßnes Zügel rennt/
Pflocket Blumen...

12. Biß die silberne Diane/
zu den lichten Wagen kehrt/
Und am blancken Himmels-Plane/
ihr gestirntes Haupt empört.
Pflocket Blumen...

VP 54: Paulus Peetschius

2. So recht/ denn wer sich nach der Zeit
Bequembt/ und sich in GOTT erfreut/
Obgleich noch nah der Feinde Toben/
Der dencket/ daß nach Krieg und Leid
Wird kommen ein erwünschte Zeit/
Da wir GOTT können völlig loben.

3. Seht/ solche Hoffnung habet Ihr:
Wie groß war bey Euch die Begier/
Da Euch trieb hin die Lust nach Jarmen?
Da war Eur süsser Sonnen-Schein/
Daselbst solt auch die Doris seyn/
Und in den Armen Euch erwarmen.

4. Ein solch begabtes Jungfern-Bild
Mit Tugenden wol angefült/
Habt Ihr Euch nun allda erwehlet:
Wol dem/ der also kömmet an/
Daß er mit Freuden sagen kann/
Wie fein und wohl bin ich vermählet!

5. Und weil nun Einigkeit und Ruh/
Der Höchst' mit Segen richtet zu/
So woll Euch Gott darmit anfüllen/
Daß ihr in Fried und Einigkeit/
Ohn Streit/ hinbringet Eure Zeit/
Umb Eure Noth dadurch zu stillen.

6. Gott helffe/ daß der Bund/ den Ihr
Vor GOTT gemachet habet hier/
Euch dort und ewig möge nützen:
Damit Ihr Christlich möget leben/
In Fried' und allem Wolstand schweben/
So wird Gott Euch und uns wol schützen.

VP 2.2: Abraham Petzolt

2. Was soll dann meine Wenigkeit/
O theurer Doctor itzo bringen/
Wo find ich alle Zierligkeit
Nach Tichter-Ahrt recht zu besingen/
Diß Fest und dero Trefflichkeit/
Zu dienen nun und jederzeit.

3. Ich komm in tieffster Schuldigkeit/
Zu wünschen tausend/ tausend Seegen/
Die meine schwache Stimme beut/
Sie edles Paarchen zu belegen/
Damit diß liebe Liebes-Band/
Verknüpffet bleib mit Herz und Hand.

4. Sein kluger Geist hat längst gemacht/
Beym Himmel selbsten fast zu schweben/
Ja hat Ihm dahin auffgebracht/
Wornach noch andre Musen streben/
So folgt auf Arbeit guter Lohn/
Auff Streiten eine Ehren-Krohn.

5. Wie hoch sein grosser Nahm auch reicht
Will Ihm doch dieses nicht vergnügen/
Er hält den Lohn für Federleicht/
Und sehnt sich nach den Liebes-Siegen
Gantz finster deucht der Ehre-Licht/
Wanns Ihm am Liebes-Lohn gebricht.

6. Nun ist sein gantzer Wunsch erfüllt/
Gesätigt alles sein Verlangen/
Die Gerdesinn hat ihn gestillt/
Durch ein verzuckertes Umbfangen/
Ein Bild/ ein außerwehltes Bild/
Hat/ sag ich/ allen Wunsch erfüllt.

7. Ein Licht das lauter Tugend hegt/
Das Edle Frömmigkeiten zeiget/
Das Keuschheit volle Wangen trägt/
Das niehmals in den Worten träuget/
Daß/ das erlanget er nun hier/
Ein Bild der Treu und schönster Zier.

8. Nun lebe wehrtes Paar/ leb wohl
Und nimm anstatt der Hand im Schreiben
Den Mund so lauter Wünschens voll/
Ach GOTT! heiß du Ihn auch bekleiben/
Und laß doch Ihn gesegnet seyn/
Weil alles Heyl bey dir allein.

9. Es müssen Seegen/ Fried und Freud/
Sich stets zusammen hertzlich küssen
Bey Euch ohn alles Hertzeleid/
Und lasset uns auch entlich wissen/
Die Frucht der süssen Einigkeit/
So bin zu Singen mehr bereit.

VP 21.2: Hieronimus Jennerich

2. Herr Kohler war einst in Berlin/
Da ließ der Mekler sagen/
Er wüst/ Er wäre von Stettin/
Er wolt Parthey antragen:
Fort sang dabey ein Droßelchen:
Schlag zu/ schlag zu/ schlag zu!
Herr Kohler sprach: Ich zweiffle sehr/
ob die Partey ich thu.

3. Er zog darauff nach Hamburg hin/
Da kam der Mekler wieder/
Sprach: Herr/ hie ists nach eurem Sinn/
Laßt euch hie Ehlich nieder:
Ein Buchfinck sang so fort dabey:
Schlag zu/ schlag zu/ schlag zu!
Herr Kohler aber dachte noch:
Ich weiß nicht was ich thu.

4. Hiernechst kam er in Holland an/
Da sagt/ bey gutem Worte/
Auch eben dieser Mekler-Mann:
Bleibt hie an diesem Orte;
Und ein Canarjen-Vogel sang:
Schlag zu/ schlag zu/ schlag zu!
Herr Kohler dacht: Vielleicht komm ich
allhie zu meiner Ruh.

5. Doch mußt er wieder nach Stettin;
Da hielt der Mekler feste
Und sprach/ ihr solt nicht weiter ziehn/
Hie ist für euch das beste.
Ein Zeißchen sang so fort dabey:
Schlag zu/ schlag zu/ schlag zu!
Herr Kohler sprach: Ich halt für gut/
daß die Partey ich thu.

6. Er sagte: Mekler/ was ihr thut/
Laßt mich die Probe sehen;
Da bracht er Ihm das Priester-Gut/
Fort war der Kauff geschehen:
Auch sang dabey ein Nachtigall:
Schlag zu/ schlag zu/ schlag zu!
Es bleiben doch hie in dem Lauff
Rock/ Hosen/ Strümpff und Schuh.

7. Es ist ein liebes Utechts-Kind/
Das Ihm Herr Kohler wehlet;
Er weiß/ daß Tugend er gewinnt/
Und nicht des Kauffs gefehlet:
Ein Dohm-Pfaff singet froh dabey:
Schlag zu/ schlag zu/ schlag zu!
Es ist die Priester-Wahr gar gut/
bringt Friede/ Segen/ Ruh.

8. So handelt dan mit Priester-Gut/
Herr Kohler/ stets im Segen;
Agnißchen wird/ bey treuem Muth/
Die Hand in Hand schon legen:
Der Hänferling singt Wein-Kauff heut:
Schlag zu/ schlag zu/ schlag zu!
Der Wolffgang Siegmund ist kein Wolff/
der Mund-Sieg bringt die Ruh.

9. Macht beyderseit'gen Eltern Freud/
Mit Eurem Liebes-Handel;
Beweiset auch zu rechter Zeit
So Euren Liebes-Wandel/
Daß künfftig/ wenn die Lerche singt:
Dir/ dir/ dir/ dir/ dir/ dir/
Ein Kleines man zur Wiegen bring/
und sing ihm lustig für.

VP 33.2: Friederich Gottlieb Klingenberg

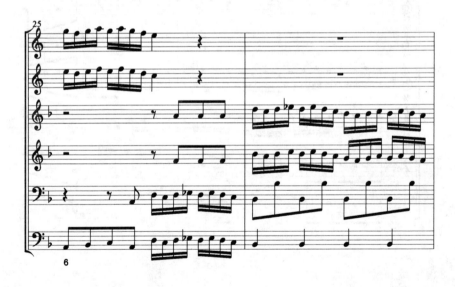

2. Doch nein! Sie ist kein Paradieß,
Wird mancher nicht dadurch betrogen?
Wenn man am meisten darauf hofft,
So wird uns der Genuß ja offt,
Wie einem Tantalo entzogen.
Da fliehet denn das goldne Vließ,
Die Liebe ist kein Paradieß.

3. Ja! Ja Sie ist kein Paradieß.
Doch denen nur die nicht recht wissen;
Wie man für der verbothnen Frucht,
Die hier der Mensch mit Schmertzen sucht,
Soll Mund und Auge fest verschliessen.
Wer sich nicht stößt an diesen Kieß,
Dem ist die Lieb ein Paradieß.

4. Die Liebe ist ein Paradieß.
Weil sie zuerst in Edens-Garten,
Den Lust vergnügten Anfang nahm;
Wie Adam Even überkam
Und diese sich zusammen paarten,
Da GOTT den Othem in sie bließ.
Die Liebe ist ein Paradieß.

5. Die Liebe ist ein Paradieß,
Wenn sie auf Tugend-Rosen gehet,
Und nicht zu geilen Flammen eilt,
Noch sich im Laster-Schlamm verweilt;
Hingegen bey der Unschuld stehet.
Die GOTT uns zu umarmen hieß.
Die Liebe ist ein Paradieß.

6. Die Liebe ist ein Paradieß,
Im Seegens-vollen Priester-Stande:
Wo man des Herren Kriege führt,
Wo Mose Stab die Hertzen rührt,
Und löset auf die Sünden Bande,
Das GOTT dem Aaron überließ.
Die Liebe ist ein Paradieß.

7. Die Liebe ist ein Paradieß.
Verknüpftes Paar! Du wirst befinden;
Was sie für Anmuths-Früchte reicht,
Wo sich nicht Schlangen-List einschleicht;
So wird die Treue sich verbinden,
Und zinsen Dir was Zucker-süß.
Die Liebe ist ein Paradieß.

8. Die Liebe ist ein Paradieß.
Must Du gleich aus dem Vaterlande,
Und der geehrten Freundschafft gehen;
So wird die Gnade bey Dir stehn
Deß, der Dich führt am fremden Strande.
Wie Er dem Abraham verhieß.
Die Liebe ist ein Paradieß.

9. Die Liebe ist ein Paradieß.
Bewohne es ohn Furcht und Schrecken:
Wenn Dornen gleich bey Rosen blühn;
So wird der harte Kummer fliehn;
Weil Dich der Cherub wird bedecken
Und lagern sich vor deine Füß:
Die Liebe ist ein Paradieß.

10. Die Liebe ist ein Paradieß.
Zieh hin! Geliebtes Paar mit Freuden
GOTT segne deinen Ehe-Stand,
Und mache übers Jahr bekand;
Wie das von Euch umschlungnen Beyden
Der Dritt' sich in die Mitte schließ,
So ist Eur' Lieb ein Paradieß.

VP 30.2: Georg Makuth

83

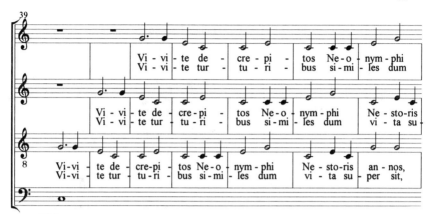

Vivite etc.

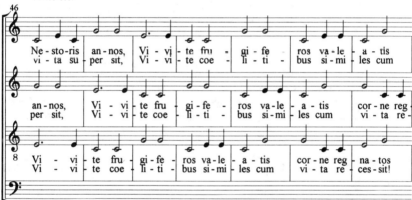

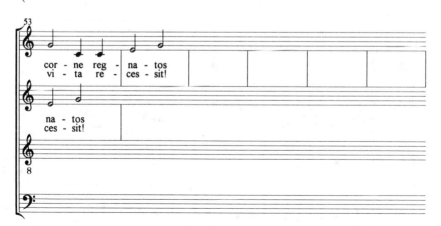

VP 10: Abraham Petzold

2. Er hat diese Braut erwählet
Recht nach der Verliebten weiß:
Themis hat ihm gantz vermählet
Eine Frau zum Tugend-Preiß.
O der schönen Liebes-Sachen/
Derer Themis selbst muß lachen!

3. Ohne Kräntze geht's nicht abe:
Ringe werden angesteckt
Von der Braut zur Ehren-Gabe:
Sie auch ihren Musnd darstreckt/
Umb mit Lieb' Ihm aufzudienen
Oben/ wo die Palmen grünen.

4. Nun/ da hastu dein Sophichen/
Eine Ehren-Bringerin:
Setz sie nicht in GrillenSchlichen/
Sonsten ist die Liebe hin.
Einer der behutsam gehet/
Nimmer bey ihr übel stehet.

5. Hiemit lebe recht vergnüget/
Essen/ Du mein ander ich/
Biß es noch der Himmel füget/
Daß man höre freudiglich:
Wie du beym Magister-Orden/
Ein gelehrter Doctor worden.

VP 12: Julius Ernst Rautenstein

VP 83: Julius Ernst Rautenstein

VP 6.1: Johann Martin Rubert

VP 59

Non mundana volo, sperno terrestria quaeque;
   Quid tum? te Dominum gestio habere meum!

2. Die Welt ist aller Trübnüß voll/
Und lehrt doch wie ich eilen soll
Auß diesem bösen Leben/
Ihr Unglimpff macht/
Daß ich gebracht
Werd/ hin nach dir zu streben.

3. Was dann/ und wohin steht mein Sinn?
Ich weiß das ich ein Frembdling bin/
Nur Asche/ Staub und Erden!
Gen Himmel auff
Ist stets mein Lauff/
Hier mag mir nichtes werden!

4. Ich weiß das da mein Heyland leb't/
Und in Göttlicher Ehre schwebt/
Ihn werden meine Augen/
Wann Fleisch und Bein
Gefügt wird seyn/
Von Angesichte schauen.

5. Gern wolt ich außgespannet seyn/
So gib doch/ Herr/ den Willen drein/
Du sieh'st wie manche Plage/
Wie mancher Schmertz/
Das matte Hertz/
Nur Augenblicklich nage!

6. Und wann ich wandern soll ins Grab/
So reich mir deinen Wander-Stab/
Der mich könn richtig leiten/
Daß ist dein Wort/
Der Gnaden-Hort/
Daß mich nicht lässet gleiten!

7. Heiß mich dir/ HErr/ zur Rechten stehn
Wann du wirst zum Gerichte gehen/
Durch solch Wort mich erfreue:
Nim hin mein Sohn
Den Gnaden-Lohn/
Für deine Lieb' und Treue!

8. Ich hab' es ja zwar nicht verdient/
Dein Sohn allein hat mich versöhnt/
Der hat mir das erworben
Was ich begehr
(HErr mir gewehr)
Da Er für mich gestorben.

9. So schlaff' ich ein und ruhe nu/
Und schliesse meine Augen zu/
Ohn' alle Sorg' und Schrecken:
Am jüngsten Tag/
Ohn alle Klag'
Wird mich/ mein Gott/ erwecken.

VP 14.2 (II): O.B. v. Schwerin

Non mundana volo, sperno terrestria quaeque;
Quid tum? te Dominum gestio habere meum!

Mir ist mein Gott nicht un-be-kand, daß ich werd die-ses Pil - ger-Land

auch ein - mahl müs-sen mei - den und auß der Welt, wann

dirs ge-fällt, recht wie ein Pil-ger schei - den.

VP32.2b: Rubach

2. Ich bin in Ach und Weh gesetzt/
Und wer die Schwester-Treu ermessen/
Der hat den Schwester-Todt niemahls vergessen/
Wer seufftzet nicht/ der so wie ich verletzt/
Ich will die späte Nach-Welt lehren:
Man kann die Tugend nicht genug beehren.

3. Wer kennt nicht Ihre Frömmigkeit/
Und die berühmten Keuschheits-Gaben/
Die ietzo in der Welt sehr wenig haben?
Wer rühmt Penelopen nicht weit und breit?
Drumb wird man auch Ihr Lob erheben/
So weit Ulysses sich zur See begeben.

4. Mildreich seyn war Ihr Eigenthum/
Die Armen hat Sie reich gemachet/
Und vor der Waysen Heil und Glück gewachet;
Drumb bleibt auch diß Ihr immer-ehrend Ruhm:
Daß Ihre milde Hand viel Segen
Auch wird den Ihrigen zum Erbtheil legen.

5. Ihr Eh-Schatz weint/ und steht betrübt/
Wenn er die Liebe will ergründen/
So ihm die Seel und Hertz kont binden/
Er ward von Ihr/ und Sie von Ihm geliebt/
Die Ihn so kräfftig kont ergetzen/
Die will er auch sich selbsten gleiche schätzen.

6. Schlaff wol Hoch-Seelge in der Ruh/
Dein Ruhm wird nicht mit dir begraben;
Ich werde dich stets im Gedächtnis haben/
Du schliesst die Augen/ Ich die Freuden zu;
Du hast diß wahre Lob erworben:
Wer wol gelebt/ ist alzuwohl gestorben.

VP 46: J. Brincken

Nur das Le-ben in dem Him-mel,
JE-sus, nicht der Welt Ge-tüm-mel,
Nicht der Er-den schnö-de Lust,
kan ver-gnü-gen mei-ne Brust,
Ist mein Hertz in GOTT zu-frie-den,
Laß ich an-dern ih-re Quaal,
Bin ich und die Sünd ge-schie-den,
Hab ich ja die be-ste Wahl.

2. Wann die Fesseln abgenommen/
legt man sie nicht wieder an/
Wer zur edlen Freiheit kommen/
bleibet gern ein freyer Mann.
Ich laß Dienst und Knechtschaft fahren/
Eyl zur ewgen Freyheit Saal/
Und kann bey der Engel Schaaren/
Rühmen die getroffne Wahl.

3. Blöder Mensch mach dir zu schaffen /
wie und wann es dir gefällt/
Arme Welt magst immer gaffen/
nach dem was dir fürgestellt.

Ich erwehle GOTT mein Leben/
Der mich liebt ohn End und Zahl/
Der ist mir/ ich Ihm ergeben/
O wie gut ist diese Wahl.

4. Nun kann ich der Erden lachen/
die bey tausendfacher Noht
Mir pflag manchen Gram zu machen/
und mir zeigen Höll und Tod/
JESUS ist mein alles worden/
Gute Nacht du Thränen-Thal/
Ich leb in der Engel-Orden/
Ewig/ ewig/ selge Wahl.

2. Ehre Glück und Herrligkeit
Wonach Menschen eyfrig rennen/
Sind ein flüchtig Wild zu nennen/
Daß sich gar nicht lange Zeit
Pflegt von denen halten lassen/
Die es meynen leicht zu fassen.

3. Wie ist doch der Mensch bemüht
Daß Er nur dem Glück nachsetze/
Es zu bringen in sein Netze/
Da er dennoch endlich sieht/
Daß Er anders nichts erjaget/
Als was Ihn mit Sorgen plaget.

4. Aber die mit ihrem Sinn
An dem Ewigen stets hangen/
Diese strecken ihr Verlangen

Nur nach Gott und Himmel hin/
Wo wir solche Güter sehen
Die uns nimmermehr entgehen.

5. Wenn sonst alles hier entwischt/
Jagen wir doch nicht vergebens/
Nach dem Guten jenes Lebens/
Das uns stets zum Lauff anfrischt.
Denn dort wird aus solchem Jäger
Ein vergnügter Cronen-Träger.

6. Wohl dem der sich immer übt
Seinen Lauff hier so zu führen/
Der wird einst das Ziel berühren
Das Ihm wahre Cronen giebt.
Ja Er wird nach solchem Jagen
Seines Glaubens Ziel wegtragen.

IV. Kritischer Bericht zu den ausgewählten Werken

A. Allgemeines

1. Texte

Die Texte wurden immer vollständig wiedergegeben. Bei der Textunterlegung ist die originale Orthographie beibehalten, die Zeichensetzung zur Verdeutlichung der syntaktischen Gliederung der modernen Praxis angeglichen.

2. Bezifferung des Generalbasses

a) Die oft unvollständige Bezifferung der Quellen wird zur Erleichterung der Aufführungspraxis durch Ziffern in Klammern ergänzt, Fehler im Kritischen Bericht vermerkt.

b) Wo dies nach der heutigen Orthographie üblich ist, tritt für ein ♯ oder ein ♭ das Auflösungszeichen ein, eine 3, wenn die Vorzeichen schon generell gelten.

Bagatellfehler im Druck, z.b. das Fehlen eines Fähnchens an einer Note, und andere eindeutige Druckfehler, z.b. falsche oder fehlende Pausenzeichen, verschobene Akzidentien etc. sind stillschweigend korrigiert.

Die originalen Stimmenbezeichnungen sind vor der ersten Akkolade beibehalten.

Die originalen Schlüssel sind im kritischen Bericht mit Kürzeln verzeichnet. (Z.B.: G2 = G-Schlüssel <Violinschlüssel> auf der zweiten Notenlinie von unten.)

B. Einzelbemerkungen

VP 2.2: originale Schlüssel: C1, G2, G2, G2, F4.

VP 6.1: originale Schlüssel: C1, C1, C3, C1, F4.

VP 10: originale Schlüssel: C1, G2, C1, C3, F4.

    Viola I., T. 41, letzte Note: original fis'.

VP 12: originale Schlüssel: G2, C1, C3, C4; C3, C4, C4, F4; F4.

    B.c., T. 51, drittes Viertel: original ♯.

VP 14.2 (II): originale Schlüssel: C1 (steht fälschlicherweise auf der ersten Hilfslinie unter dem System), F4.

VP 21.3: originale Schlüssel: C1, G2, C1, C3, F4.

VP 24.3: Originale Schlüssel: - C4, F4.

    Die vox superia fehlt im Original und ist nach dem Zusammenhang des Satzes rekonstruiert.

    Vox media, T. 18, 2. Note: original g.

VP 30.2: originale Schlüssel: C1, C2, C3, F4; Votum: C3, F4.

    Cantus, T. 20: gis' original ohne Vorzeichen.

    Cantus, T. 23: letzte Note: original h'.

VP 32.2b: originale Schlüssel: C1, C1, C1, F4.

    Aria, B.c., T. 7: die ersten beiden Noten sind original falsch beziffert: 6 3 6 2; B.c., T. 22: erstes Viertel original 6.

VP 33.2: originale Schlüssel: C3, G2, G2, G2, G2, F4, F4.

    Ritornello, 1. Oboe: die vorletzte Note fehlt im Original.

VP 37.1: originale Schlüssel: C1, C1, C1, C1, F4.

    Aria, Flauto II, T. 34: die letzte Note fehlt im Original.

VP 46: originale Schlüssel: C1, F4.

    Die Instrumentalritornelle sind verschollen; sie sind im ersten Lied mit „3. Flöte, 3 Violdig.", im zweiten mit „Violes & Hautbois" angegeben.

    In der Aria „Jage nach dem besten Ziel...", B.c., T. 12: letztes Viertel original 6 statt 7.

VP 54 originale Schlüssel: C4, G2, G2, C3, C4, F4, F4.

    Das Stück weist in der Aria einige eigenartige Stimmführungen auf, die aber keine bloßen Versehen sein dürften und daher nicht korrigiert wurden. (Verbesserungsvorschläge: T. 8: Tenor, zweite Note c' statt d'; T. 16: Bass. Gen. Notenwerte der dritten und fünften Note austauschen) Übelklingend sind vor allem mehrere Stelle im Ritornell. Auch sie wurden stehengelassen, da sie rhetorisch motiviert sein dürften (s. Kommentar, S. 136f.).

VP 59: originale Schlüssel: C1, C1, C3, C4, F4.

VP 77: originale Schlüssel: G2, G2, C2, C3, C3, F3.

    Altus, T. 52: original d'.

VP 83: originale Schlüssel: C1, C1, C3, C4, F4; C3.

    B.c., T. 2 und 4: letztes Viertel originale Bezifferung 5 6 7.

    Cantus II, T. 5, 3. Note: original c'', korrigiert nach der Parallelstelle T. 28.

    Altus, T. 44, 1. Note: original e'.

VP 109: originale Schlüssel: C4.

V. Kommentare zu den ausgewählten Werken

1. Hochzeitsmusik

VP 109: Balthasar Witten und Anna Scheuukirchen / Casparus Otthomannus
Musikalische Elemente treten in den Personalakten der *Vitae Pomeranorum* erst seit der zweiten Hälfte des 17. Jahrhunderts vermehrt auf und bilden dann feste Typen aus, wie die Strophenarien und später die Kantate. Anfangs schleichen sie sich eher beiläufig ein. So gibt es bereits aus dem 16. Jahrhunderts hochzeitliche Gratulationstexte, die in manieristischer Weise in der Umrißform verschiedener Musikinstrumente gedruckt sind.[1] Die ersten Noten tauchen 1608 auf, aber nicht als ganze Motetten oder Arien, sondern als zwei Notenzeilen, die handschriftlich mitten zwischen eine Vielzahl lateinischer, griechischer und weniger deutscher Gedichte und Epigramme eingefügt sind. Offenbar stammen alle diese künstlerischen Produkte, wie das lateinische Titelblatt ausweist, von dem Konrektor des Neubrandenburger Gymnasiums Casparus Otthomannus. Bei den Notenzeilen handelt es sich um zwei kurze Kanons, die in traditioneller Art als "Fuga 4. Vocum" überschrieben sind. Solche Kanons waren gleichzeitig Ausdruck der (auch musikalischen) Gelehrtheit des Autors - sie stehen noch jahrhundertelang für den "strengen Stil" -, andererseits dienen sie (bis heute) einer geselligen Gesangspraxis, die gerade bei Hochzeitsfesten angebracht war. Der erste Kanon hebt diesen Aspekt auch mit seinem munteren, anspruchslosen Text hervor, der als ausnahmsweise deutschsprachige Redeweise daherkommt: "Lustig und frölich wolln wir seyn / Lassn fahrn die da zornig seyn." Der Text des zweiten Kanons ist dagegen von eigenartiger Komplexität. Er verbindet zwei ursprünglich voneinander unabhängige lateinische Sprichwörter in Hexameter- und Pentameterform zum Distichon und übersetzt beide in deutsche Reimverse. Auch sie haben Sprichwortcharakter. Zu den Noten singen lassen sich aber nur die lateinischen Verse. (Die deutschen haben mehr Silben als Noten vorhanden sind.) Die lateinischen Verse stammen aus Ovids *Fasti* (4,3,11 mit der Textvariante „ridet" statt „risit") sowie von Properz (2,8,8). Wenigstens das zweite Sprichwort: "Gwonnen oder verlohren / Die Liebe macht manchem zu Thoren." wirkt, auf die Hochzeit bezogen, zunächst ironisch oder gar zynisch. Es muß aber wohl als gutmütiger Ulk betrachtet werden, wie er schon damals bei Hochzeiten üblich war, vielleicht auch als Durchbrechung des um 1600 wieder hoch

---

[1] VP 6.3, Stettin 1595 und VP 157,9, Stettin 1651; s. Katalog.

in Mode stehenden Stoizismus. Für diesen führt der Weg zur Glückseligkeit über die Ertötung der (irrationalen) Affekte und Lüste, also auch der erotischen Liebe. Otthomannus ironischer Spruch dürfte im Rahmen der Hochzeitsgratulationen eher als Belustigung über die stoizistische Anschauung der Liebe als über diese selbst zu verstehen sein.

Über den Notenzeilen stehen an den passenden Stellen Einsatzzeichen für die vier Stimmen, im ersten Fall jeweils nach fünf Semibreven (ganzen Noten), im zweiten Fall schon nach jeweils zwei. Durch den engen Einsatzabstand der Stimmen beschränkt sich dieser Kanon auf den Wechsel von lediglich zwei Harmonien (g-Moll und d-Moll), während der erste sechs verschiedene Harmonien aufweist. Bis auf den Quartvorhalt von der dritten zur vierten Semibreviseinheit handelt es sich ausschließlich um Grundakkorde: G, e, d, F, G, D4-3, G. Trotz der Kürze und Einfachheit der Stücke stehen die Kanons noch in der alten Tradition der niederländischen Kontrapunktik und haben noch nichts zu tun mit der zu dieser Zeit in Italien aufkommenden neuen Kanonmode, die in gebrochenen Dreiklängen schwelgt.

VP 24.3: Gualterius Lyndsay und Barbara Eßkein / Petrus Brunnemann

Petrus Brunnemann scheint dem Titelblatt nach sowohl Dichter als auch Komponist des Stückes zu sein. Das 1620 in Greifswald erschienene Werk ist nicht nur eine der ältesten in den *Vitae Pomeranorum* erhaltenen Musiken, die älteste der original pommerschen Stücke, sondern auch die einzige in niederdeutscher Sprache. Seit der Reformation, d.h. seitdem sich die luthersche Bibelübersetzung auch in Pommern durchgesetzt hatte, ist das Niederdeutsche gesellschaftlich mehr und mehr an den Rand gedrängt worden. Daß es hier überhaupt noch erscheint, und das mit griechisch-lateinischem Titel (ΟΔΗ ΓΑΜΙΚΕ = „Heiratsode auf das heilige Hochzeitsfest der auserlesensten Neuvermählten"...) und umgeben von lateinischen Gedichten, wird nur erklärlich durch die bewußt komische, bäuerliche Wirkung, die zur Belustigung der Brautleute und der gebildeten Hochzeitsgesellschaft intendiert ist. Darauf verweist schon im Titel der Ausdruck: "à tribus Rusticis decantata". Eine entsprechende Paradoxie von gelehrter Sprache und bukolisch-niedrigem Inhalt findet sich bei den Bezeichnungen der Stimmen; so ist die Vox media mit "Men.", die Vox infima mit "Cor." unterschrieben, zweifellos Hinweise auf die Hirten Menalcas und Corydon aus den *Bucolica* des Vergil. Die verlorene Vox superia war wahrscheinlich Meliboeus zugewiesen, da diese Figur nicht nur der zuerst auftretende Hirt in Vergils

Bucolica ist, sondern neben Menalcas und Corydon auch in dem lateinischen Hexameter-Dialog begegnet, der der Musik vorangeht. Schon dieser Dialog nimmt übrigens auch Bezug auf die Brautleute und die Greifswalder Hochzeit. Die Metrik der drei Strophen zu je zwölf Versen betont das Idiom des Volkstümlichen, Belustigenden durch Knittelverse, die gerade in jener Zeit von Poetologen wie Martin Opitz bekämpft werden. Erst recht gehört der Inhalt der Dichtung dem genus humile an. Er lautet in Übersetzung:

> Guten Tag, guten Tag, ihr lieben Leute,
> wir bringen euch hier drei hungrige Häute.
> Die wollen auch noch mit Bier und Wein
> von oben bis unten gefüllet sein.
> Denn wir kamen nicht von ungefähr,
> sondern sind auch gebeten her,
> diese Hochzeit mit unserer Leier
> Maultrommel und Sackpfeife zu zieren.
> Denn ihr laßt sonst immerfort die Nase hängen
> und könnt nicht recht fröhlich sein,
> wenn ihr nicht unter euch habt Affen
> und was Putzierliches habt zu gaffen.

> Darum folgt unserm Beispiel nach
> und singt das Rundinellula.
> Seid mit den Fröhlichen fröhlich
> und kostet den Festwein.
> Laßt das Glas nicht stille stehn,
> sondern die Becher herumgehen,
> dem Bräutigam und der Braut zu Ehren;
> das kann uns ja niemand vorwerfen.
> Denn das ist so eine alte Weise
> und gereicht den Brautleuten zum Preise,
> wenn Gäste lustig sind
> und nicht nach Streit und Schlägen streben.

> Wir wollen auch wünschen von Herzens Grund,
> daß dieses Hochzeitspaar viele Jahre gesund
> in Freud und Einheit möge bleiben
> und sich nicht miteinander streitet,
> sondern „Liebchen und Püppchen mein"
> des Bräutigams ständige Rede mög sein,

dagegen die Braut bei Tag und Nacht
ihres Herren Willen mit Lust erfüllt.
Gott fülle ihnen ja mit Segen das Haus,
so kriegen wir bald noch einen Schmauß,
wenn auf die Trommel folgt das Klingen,
so wollen wir dann von Joseph singen.

Unterschiede des Standes scheinen hier im Scherz hinweggewischt zu sein, mehrfach werden volkstümliche oder vulgäre Wendungen eingeflochten, wie "hengen die Neß", "wo gy nicht undr yuw hebben Apn", "Und singt dat Rundinellula". Die letzte Strophe spielt am Ende, wie üblich, auf den Kinderwunsch an. Dabei wird die Folge von Eheschließung und Geburt mit der von Vortrommeln und Einsatz des klingenden Spiels verglichen. „Van Joseph singen" bezieht sich wohl verallgemeinernd auf das verbreitete weihnachtliche Wiegenlied „Joseph, lieber Joseph mein, hilf mir wiegen mein Kindelein".[2] Die in der ersten Strophe genannten, den drei gratulierenden Hirten zugeordneten Musikinstrumente, "Liern, Multrump un Lülckenpyp", also Drehleier, Maultrommel und Sackpfeife, galten als primitiv. Instrumente dieser Art werden schon 1511 von Sebastian Virdung in seiner *Musica getutscht* als "Lumpeninstrumente" abgetan. Auch Michael Praetorius übergeht in seiner großen *Organographia* (= *Syntagma musicum II*) von 1619 die Drehleier, in dem er unter "Lyra" (S. 19) schreibt: "Allhier ist nicht zu sagen / von der Bawren- unnd umblauffenden Weiber Leyre / die mit einem Handgriff herumb gedrehet / und mit der lincken Hand die Claves tangirt werden [...] Sondern von den Italianischen Lyren" (= Sonderformen der Viola da gamba). Die bautechnisch eigentlich anspruchsvolle Drehleier, im Hochmittelalter noch ein sehr geachtetes Instrument, war von der Entwicklung der Musik zu selbständiger Polyphonie überholt worden und sank mit ihren archaischen Bordunklängen zur "Bettlerleier" ab. Als solche fungiert sie noch, existentiell zugespitzt, im Schlußlied von Franz Schuberts *Winterreise*. Um 1620 finden wir sie sozusagen auf halbem Wege ihres Niedergangs. - Noch eindeutiger ist die Vulgarität der Maultrommel. Sie erscheint in Hans Burgkmairs Holzschnittzyklus *Triumph Kaiser Maximilians* von 1515 ausdrücklich als Instrument der Musica vulgaris oder irregularis auf dem Narrenwagen. Die Sackpfeife (Dudelsack), die aus Leder bzw. einer Tierblase und aus Schilf geschnit-

---

[2] Zur Verbreitung des Liedes nach der Melodie auf „Resonet in laudibus" s. Zahn, Nr. 8573-8575. Daß es auch an der Ostseeküste bekannt war, belegt u.a. sein Erscheinen in den *Cunae Pueruli Christi Salvatoris* des Rostocker Organisten N. Gotschovius (s. Waczkat). In Danzig ist eine sechsstimmige Fassung erhalten; s. Popinigis, S. 321, Ms 4012/94 (I).

tenen Rohrblättern gebaut wird, ist von jeher ein Hirteninstrument gewesen, paßt also bestens in die virgilsche Bukolik. Auch durch ihren primitiven Bordunklang wirkt sie wie die Drehleier aus der Perspektive der Kunstmusik des 17. Jahrhunderts kulturell zurückgeblieben und damit komisch.

Von der dreistimmigen Vertonung sind nur die beiden Unterstimmen erhalten; doch läßt sich der Verlauf der Oberstimme mit ziemlicher Notwendigkeit rekonstruieren. Schon die Beschränkung auf nur drei, überwiegend homophon geführte Stimmen verweist musikalisch auf das genus humile. Tatsächlich handelt es sich wohl um eine Nachahmung der damals schon seit Jahrzehnten beliebten Lieder "nach Art der welschen Villanellen" ("Villano" = ital. "Bauer"), wie sie ein Jahr später auch noch der berühmte Leipziger Thomaskantor Johann Heinrich Schein herausgab. Scheins *Wald-Liederlein Auff Italian-Villannellische Invention* sind zwar auch dreistimmig, doch in der Stimmaufteilung due canti e basso, zu dem der Generalbaß mitgeht, wesentlich moderner und eloquenter als Brunnemanns dreistimmiger Männergesang. Im Mittelteil der dreiteiligen Strophen hat sich Brunnemann übrigens anstelle des akkordischen Satzes eine ganz primitive "Polyphonie" ausgedacht, indem er die Oberstimmen kanonisch den bloßen gebrochenen C-dur-, dann F-dur-Dreiklang über dem Grundton des Basses wiederholen läßt. Hierdurch wird die Vulgarität der im Text genannten Baueminstrumente noch mehr ins Komische gezogen. Das einzige größere, aber engräumig umherschweifende Melisma des Satzes wird charakterisierend und zugleich ironisch der Lülckenpyp vorbehalten.

VP 77: Joachim Engelbertus und Catharina Rungius / David Aebelius

Ein kleiner Teil der in den *Vitae Pomeranorum* erhaltenen Musik stammt von Komponisten außerhalb Pommerns, vor 1650 fast alle Stücke. In der Regel sind dann auch die Hochzeits- und Traueranlässe, für die die Musik geschrieben wurde, auswärtig lokalisiert. Von besonderer Bedeutung ist hier die mecklenburgische Stadt Rostock. Hier erschien 1610 eine dreichörige Motette von Nicolaus Gotschovius, das größtbesetzte Werk in den *Vitae Pomeranorum* und zugleich eines der ältesten, sowie eine sechsstimmige Motette von David Aebelius. Sie wurde 1624 zur Hochzeit von Joachim Engelbert (oder Engelbrecht) und Catharina Runge geschrieben; Engelbert, der 1597 geboren wurde, war Pastor in Rostock und starb bereits 1629. Die Hochzeitsmotette dürfte in ihrer durchweg kontrapunktischen Diktion das konservativste Werk der ganzen Sammlung sein. Der lateinische Text wurde häufig vertont; er stammt aus dem Hohenlied (4,7f.)

in der *Vulgata*-Bibelübersetzung. Symbolisch wurde er oft auf Maria oder die Kirche als die Braut Christi bezogen.[3] Als Hochzeitsmotette ist er aber natürlich in seiner primären erotischen Bedeutung zu verstehen.

Die Konservativität des Satzes zeigt sich schon im Verzicht auf den Generalbaß sowie in der Sechsstimmigkeit, die Ende des 16. Jahrhunderts en vogue war; sie vermeidet die barocke Eskalation zur Mehrchörigkeit einerseits und zur Monodie andererseits. Das moderatio-Ideal der Renaissance ist aber auch in der Vermeidung von Affektzuspitzungen zu erkennen. Die häufigen Melismen dienen zwar oft der Hervorhebung zentraler Worte, z.B. der ersten beiden; doch werden häufig auch bedeutungslose Worte wie "est" oder "in" melismatisch vertont. Gegen Ende nimmt die Plastizität der Figuren zu. Das Wort "macula" wird mehrfach durch eine Erniedrigung des e zu es sinnfällig gemacht, wobei immer die Tonart der fünften Stufe, C-Dur, zu c-Moll mutiert. Die verschiedenen Melodiefälle bei den Worten "veni de Libano" verdeutlichen das Herabkommen vom Gebirge, zuerst als Dreiklangsbrechung in Viertelnoten, dann als Achtel-Sekundschritte, im Baß außerdem in gewichtigen Breven (T.61ff.). Das Wort "coronaberis" wird mit kreisenden Figuren interpretiert, zuletzt im Cantus als vollkommene Circulatio. Insgesamt geht der rhetorische Gestus aber keineswegs über das schon bei Orlando di Lasso erreichte Niveau hinaus. Vielmehr dominiert wie dort noch der kunstvolle kontrapunktische Satz mit seiner großen rhythmischen Vielfalt und Selbständigkeit der Stimmen, für die Rhetorik und Klangregie sekundär bleiben.

VP 37.1: M. Petrus Stamm(ius) und Margaretha Elver / Petrus Crohn

Der Druck feiert die Hochzeit eines Greifswalder Universitätsprofessors der Philosophie mit einer Ratsherrentochter der Stadt.

Die Dichtung ist dem Titel nach „Auß Sehl. D. Paul Flemings Poetischen Buch entlehnet". Tatsächlich stammt sie insgesamt von Paul Fleming, ist (bis auf orthographische Abweichungen) identisch mit dessen Gedicht *Auf H. Johann Friedrich Schröters und Marien Magdalenen Weinmans Hochzeit. An das Frauenzimmer und Gesellschafft*. Das Gedicht in dreizehn Strophen zu sechs trochäischen Tetrametern wirkt formal anspruchslos und entspricht damit dem heiteren Hochzeitsanlaß ohne besondere Rücksichten auf den Stand des Braut-

---

[3] Vgl. z.B. den Alleluiavers in der Messliturgie der katholischen Kirche zum Fest der Unbefleckten Empfängnis Mariens (8. Dezember).

paares. Charakteristisch sind jeweils die beiden fast nie abgewandelten Refrainverse: "Pflocket Blumen, windet Kräntze, führet Liebe-Lobe-Tänze." Damit spielt der Dichter auf die bei Hochzeiten üblichen gemeinschaftlichen Tänze mit Umzügen an. Inhaltlich wird zwar ein ganzes Arsenal antiker Götter bemüht, doch werden diese ganz leger eingeführt: "Heute sind der Götter Schaaren außsparzieret allzumahl". Ausdrücklich genannt werden: Venus, Mars, Zinthius (= Zeus)[4], Ceres und Diana; indirekt ist von Pygmalion bzw. Adonis die Rede ("des grossen Knabens Stärcke, den die Cyprus-Bürger ehr'n") sowie von Helios ("der Gott der güldnen Gluten"). Angespielt wird auch auf die Hesperiden ("Hesperischen Fluten"), wohl nicht nur des Sonnenuntergangs wegen, sondern weil die westlichen Nymphen in ihrem Garten die goldenen Äpfel und Fruchtbäume der Götter pflegten, insbesondere den Baum, der als Hochzeitsgeschenk für Zeus und Hera diente, Symbol der Liebe und Fruchtbarkeit. Von letzterer ist vor allem durch die zahlreichen wohlriechenden Kräuter und Blumen die Rede, die ihrerseits wieder seit der Antike angereicherte symbolische, oft auf die Hochzeit bezogene Bedeutungen haben: Lavendel, Saturey (= Bergminze oder Bohnenkraut), Müntze (Minze), Roßmarin, Zypressen, Nelcken, Scharlach, Amaranth, Eißwig (= Eisenkraut), Poley (= Flohkraut, Minzenart) Narde, Quendel (= Thymian), Tausendschön. Das Brautpaar mit der Hochzeitsgesellschaft steht nun sozusagen mitten zwischen den himmlischen Göttern und den irdischen Pflanzen. Einerseits wird aufgefordert: "Führet auff ein Blumen-Bette, legt die zwey Verliebte drein", andererseits wird die menschliche Hochzeitsgesellschaft den Götterscharen nahezu gleichgestellt: "Ihr auch Götter und Göttinnen, nur nicht ohne Sterblichkeit". Der Sinn ist eine allgemeine Verschwisterung, wobei die weltumspannende Harmonie gleichzeitig Symbol der Hochzeit ist und Ausdruck der durch sie ausstrahlenden Lebensfreude. Am Ende des Hochzeitsgedichts steht ungewöhnlicherweise nicht der Kinderwunsch, sondern die Vorfreude auf die nächste Hochzeit.

Musikalisch gibt es einige Unterschiede zum üblichen Typus der Hochzeitsarie, vor allem durch den zweistimmigen Gesang sowie durch die separate Vertonung der letzten Strophe. Am Beginn und zwischen den Strophen steht eine Symphonia, die außer vom Generalbaß von zwei Flauti (Blockflöten) gespielt wird. Nach konzertierendem Wechselspiel wird die Rhythmik homophon zusammengefaßt. Die dabei hervortretenden punktierten Rhythmen beherrschen auch die ganz homophon gesetzte Aria und haben insgesamt einen tänzerischen

---

[4] Kynthios ist ein Beiname des Zeus nach seinem Heiligtum auf der Insel Delos bei dem Berg Kynthos.

Duktus. Dieser wird für die letzte Strophe noch gesteigert, insofern hier die Melodie des geraden Taktes in einen Dreiertakt eingepaßt wird. Das entspricht der seit dem späten Mittelalter verbreiteten Zusammenstellung von Schreit- und Springtanz (in der Proportio tripla). Die letzte Strophe wird aber nicht nur durch die Umtaktierung, sondern auch durch die instrumentalen Einwürfe der beiden Flöten hervorgehoben. So wird hier der Dualismus von Instrumentalsymphonia und Aria stärker durchmischt und in den letzten wiederholten Takten zum Einklang gebracht. Finis coronat opus.

VP 54: Daniel Keddel und Maria Jacobi / Paulus Peetschius
Der Bräutigam stammte aus Anklam, studierte bis 1659 in Wittenberg Theologie und wurde 1676 Pastor in Jarmen. Da er im selben Jahr heiratete, wird die Hochzeitsarie wohl gleichzeitig als Glückwunsch zum Pastorat zu verstehen sein[5], ähnlich wie im Fall Quakes (VP 30.2).

Wie das Titelblatt der Hochzeitsarie ausweist, stammt die "Jambische Ode" vom Kantor des Anklamer Ratsgymnasiums Paulus Peetschius, sicher sowohl in literarischer wie musikalischer Hinsicht. Unter Peetschius Namen ist ein emblematisches Bild abgedruckt.[6] Es symbolisiert die Gott wohlgefällige Ehe. Im Zentrum sieht man den Händedruck des Ehebündnisses, darüber das Herz, darunter die Rosenblüte als Zeichen der Liebe. Aus der Rose gehen zwei Zweige hervor, die halbkreisförmig das Bild rahmen. Vermutlich ist hier an Platons Vergleich der Geschlechter mit zwei Halbkugeln gedacht, die sich zur vollkommenen Kugel schließen, gewiß aber an die platonische Kreissymbolik. Im oberen Teil des Bildes sieht man in hebräischen Buchstaben den Namen Gottes Jahwe , der auf den irdischen Ehebund ausstrahlt. Die Verbindung von ehelichen und theologischen Symbolen hat im Falle der gefeierten Brautleute eine besondere Bedeutung, da es sich um die Hochzeit eines Pfarrers mit einer Pfarrerstochter handelt. Entsprechend ist auch im Gedicht von dem "Priester-Leben" ausgiebig die Rede. Nicht nur barocke Trauergedichte bedienen sich mit Vorliebe konstrastierender Bilder, auch Hochzeitsgedichte wie dieses folgen dem dualistischen Schema. Der Gegensatz wird hier aber natürlich nicht zwischen Priester- und Ehestand gesehen - dies wäre allenfalls nach katholischem Verständnis

---

[5] S. Lange (1898), S. 163.

[6] Dasselbe Emblem (vom selben Drucker Doischer) findet sich auch im Hochzeitsdruck VP 37.2 (ohne Noten) für Johannes Stephan und Maria Rhaw.

denkbar -, sondern zwischen der ehelichen Eintracht im privaten und den verheerenden Kriegsgeschehnissen im öffentlichen Leben. Die Eheschließung fand nämlich am 25. Oktober 1676 in Jarmen statt, mitten im Schwedisch-brandenburgischen Krieg (1675-1679), der auch die Stadt Jarmen in Mitleidenschaft zog. Auf diese Situation spielen die ersten beiden Strophen an: "Seht da! da GOTT das öde Feld nach manchem Jammer noch erhält...", "...Obgleich noch nah der Feinde Toben... nach Krieg und Leid". Dagegen steht "die Zuckersüsse Liebes-Lust", "Einigkeit und Ruh... Fried und ... Wolstand" der Ehe. Daß die Braut den Namen der Nymphe Doris zugelegt bekommt, läßt sie im Rahmen der Schäferdichtung erscheinen, die ihrerseits als Idylle den Kontrast zur politischen Kriegsbühne bildet. Möglicherweise deutet auch die Reimstellung der sechs Strophen aus je sechs jambischen Tetrametern auf den ehelichen Zusammenschluß hin, sowohl durch den Paarreim als auch durch den folgenden umschließenden Reim. Jedenfalls hebt das schwungvolle jambische Metrum den freudigen Charakter der Hochzeit hervor.

Musikalisch handelt es sich um eine der üblichen Strophenarien mit Ritornell. Peetschius scheint allerdings nicht ganz das Niveau seiner Stettiner und Greifswalder Kollegen zu erreichen. Die Arie, die die sechs vierhebigen Jambenverse in 19 3/2-Takten vertont, weist einige Deklamationsprobleme auf; besondere rhetorische Figuren sind kaum zu erkennen. Das elf Takte lange Ritornell aus fünf Streichinstrumenten und Generalbaß steht in keinem motivischen Zusammenhang mit der Arie, bildet in Takt- und Satzart eher einen Kontrast zu ihm. Die beiden Geigen einerseits und die Unterstimmen andererseits sind vor allem in rhythmischer Hinsicht sehr schematisch behandelt. Die motivische Substanz beschränkt sich im wesentlichen auf die insistierende Sequenzierung der simplen halbkreisförmigen Groppo-Figur und ist als solche nur eine einfache Verzierung. Die Harmonik ist von Queständen, Quintparallelen und einer mehrfach begegnenden Relatio non harmonica (e-gis-h-c) durchsetzt. Aus späterer Perspektive ist es kaum erklärlich, daß ein professioneller Kantor und Verfasser eines musikalischen Lehrbuchs solche Sätze schrieb. Auch bloße Druckfehler scheiden als Erklärung wohl aus, da das Ganze System zu haben scheint. Eine ganz andere Sicht der Dinge ergibt sich, wenn man von einer autonommusikalischen zu einer rhetorischen Perspektive wechselt. Das zugrundeligende Gedicht handelt von „Liebes-Lust" inmitten von „Krieg und Leid". Dieser Kontrast klingt schon in der unausgewogenen Rhythmik der Aria an. Im Rittornello wird er zugespitzt. Die verzerrte Harmonik steht für die Kriegsgeschehnisse, die Motivik der Oberstimmen aber für die Liebe. der ständig wiederholte Groppo wird nämlich in der musikalischen Rhetorik auch als Circolo mezzo beschrieben.[7] Aufgrund seiner jeweiligen Anbindung an die folgende Achtelnote ergibt sich in der ersten Violine regelmäßig eine vollständige sinusförmige Kreisbewegung im engsten Raum, eine Circulatio, zwölfmal hintereinander. Es liegt hier nahe, an ein von Peetschius bewußt formuliertes Symbol des ehelichen Bundes zu denken, das wiederum dem kreisförmigen Emblem des Titels mit seinen beiden gebogenen Zweigen entspricht. Nach den stockungen und Brüchen der Takte 26-28 endet der Satz natürlich mit dem Sieg der schönen Ordnung über die chaotischen Infragestellungen. Dabei wird die Circulatio ein letztes Mal zelebriert, diesmal besonders deutlich als einander ergänzende Achtelgruppen in Form zweier Circoli mezzi.

VP 2.2: Jacob Balthasar und Anna Catharina Gerdes / Abraham Petzolt

Braut und Bräutigam entstammen beide angesehenen Greifswalder Akademikerfamilien. Jacob Balthasar (1652-1706) war Professor für Jura an der Greifswalder Universität und Syndikus der Stadt Greifswald, seit 1704 Regierungsrat. Seine Frau lebte von 1669-1742, war also zur Zeit der Eheschließung erst 15 Jahre alt.

Die Doppelformulierung auf dem Titelblatt: "Singend dargeboten und mit einem Musicalischen Arien-Thon versehen von Abraham Petzolt" läßt vermuten, daß nicht nur die Musik, sondern auch der Text von dem Greifswalder Organist an St. Nicolai stammt. Die Dichtung ist in neun Strophen zu sechs Versen mit vier Jamben abgefaßt. Inhaltlich kann sie als typisch für zahllose andere Hochzeitsgedichte der Zeit gelten. Die Bildersprache ist zunächst der heidnischen Antike verpflichtet, wobei die Hochzeitsgratulanten der "Greiffswaldischen Academiae" mit den "Pie"-rischen Musen bzw. Musensöhnen des "Helicon" verglichen werden. Solche Vergleiche waren sehr beliebt; z.B. finden sie sich in dem Gedicht *Auff Danielis Heinsii Niederländische Poemata* des vielgelesenen Martin Opitz mit Bezug auf die Universität Leiden: "Der gantze Helicon ist bey dir eingezogen [...] Und Phebus hat mit ihm die Musen hergebracht".[8] In der zweiten Strophe der Greifswalder Hochzeitsmusik folgt eine ebenfalls topische Demutsgeste des Autors: "Was soll dann meine Wenigkeit, O theurer Doctor itzo bringen"? Im weiteren wird auch auf die Braut, "die Gerdesinn", eingegangen und in üblicher Manier deren "edle Frömmigkeiten" und "Keusch-

---

[7] Z.B. im Musikalischen Lexikon (1732) von Johann Gottfried Walther, S. 166.
[8] Opitz, II, S. 741-743.

heit" gepriesen. Den Schluß bildet die Bitte um Gottes Segen für das Paar und die Hoffnung auf Kinder als "Frucht der süssen Einigkeit". Für diesen Fall kündigt der Autor gleich weitere Gratulationswerke an: "So bin zu Singen mehr bereit."

Die musikalische Anlage folgt dem durch Adam Krieger um 1660 verbreiteten, seit den siebziger Jahren auch in Pommern üblichen Typus der Strophenarie mit Instrumentalritornell. Das Ritornell beginnt in diesem Fall. Typisch ist das in schnellen Notenwerten fanfarenartig konzertierende "Scharmützeln" der drei Violinen und des Generalbasses, eingerahmt von eher homophonen Akkordblöcken. Diese sind von Pausen durchsetzt und erweitern sich dreifach bekräftigend vom einfachen über einen doppelten zum mehrfachen Akkord. In der Arie fällt der ziemlich bewegte Generalbaß auf, der mitunter konzertierend auf die Motivik der Gesangstimme reagiert. Diese hat sich bereits von einer liedhaften Schlichtheit entfernt, indem sie etliche kleine Koloraturen einflicht, die zum Teil der Hervorhebung bestimmter Worte (der ersten Strophe: "Pie", "Musensohn", "Hochzeitlied") dienen. Ritornell und Arie sind motivisch flüchtig verküpft durch die die konzertierenden Passagen prägende anapästische Rhythmik.

VP 21.3: Wolffgang Siegmund Kohler und Agnisa Sophia Utecht / Hieronimus Jennerich (s. Abb. S. 210ff.)

Hieronimus Jennerich (oder Jenrich), der auf dem Titelblatt lediglich mit den Initialen "H.J." erscheint, war als Kantor an St. Nicolai und St. Joannis einer der Hauptvertreter der Stettiner Kantatenschule. Er dürfte nicht nur der Komponist, sondern auch der Dichter der vorliegenden Hochzeitsarie sein. Die Bildersprache der neun Strophen verbinden den Stand des Bräutigams Wolffgang Siegmund Kohler als "vornehmer Kauff- und Handelsmann" mit dem "bey itziger Jahrs-Zeit lustigen Vogel-Gesang". Schon metrisch machen die abwechselnd vier- und dreihebigen jambischen Verse einen lockeren Eindruck, der dem fast übermütigen Inhalt entspricht. Der Eingang mit dem Liebesgott Amor ist wieder einmal antikisierend. Die verschiedenen Vogelarten spielen auf diverse amouröse Abenteuer bzw. eheliche Optionen des weitgereisten Kaufmanns an; als Stationen werden Berlin, Hamburg und Holland genannt bzw. Droßelchen, Buchfinck und Canarien-Vogel. Schließlich kehrt er nach Stettin zurück; dort singt ihm diesmal kein Stiegelitz, sondern die Nachtigall, die natürlich den Preis davonträgt. Als Tochter des "wolverdienten 20jährigen treufleißigen Predigers der

S. Nicolai Kirchen M. Joachim Utecht wird sie, Agnisa Sophia Utecht, aus der Kaufmannsperspektive als "Priester-Gut" und "Priester-Wahr" bezeichnet. Die Vogelmetaphorik wird jetzt auch auf den Schwiegervater als Dohm-Pfaff ausgeweitet und am Ende auf den zu erwartenden, von der Lerche angekündigten Nachwuchs. Dem Zeitverständnis entsprechend, wenn auch aus heutiger Perspektive befremdlich, ist die patriarchalische Selbstverständlichkeit, mit der eine eheliche Verbindung als "Liebes-Handel" interpretiert wird.

Im Unterschied zu Petzold und den meisten anderen Komponisten stellt Jennerich dem Arienteil kein abgegrenztes Ritornell gegenüber. Vielmehr sind Gesangs- und Instrumentalteile ineinander verschlungen. Die Musik beginnt mit zwei instrumentalen Einleitungstakten, gefolgt von der Arie, deren Verse von kurzen Einwürfen der Instrumente, Flöte, zwei Gamben, Fagott und Generalbaß, gegliedert werden, bis sie in einem zehntaktigen Instrumentalteil ausläuft. Die Motivik des ziemlich bunten Instrumentariums entspricht der der Singstimme, wobei besonders der Flöte die Aufgabe zukommt, Vogelstimmen nachzuahmen, verstärkt im längeren Instrumentalteil am Schluß; dazu gehören, zumeist als auftaktige Figuren, Ton- und Intervallrepetitionen, vor allem die reine Quarte und die kleine Terz abwärts. Die abfallende Quarte begegnet auch in der Singstimme, wo es im vorletzten Doppelvers (bis auf die letzte Strophe) regelmäßig heißt: "Schlag zu, schlag zu, schlag zu!"

VP 33.2: M. Benjamin Scheele und Sophia Juliana Krey / Friederich Gottlieb Klingenberg

Benjamin Scheele war Pastor in Iden.

Die Doppelformulierung auf dem Titelblatt: "entworffen und in eine musicalische Arie gebracht" deutet darauf hin, daß der Stettiner Jacobi- und Johannis-Organist Friederich Gottlieb Klingenberg, der quantitativ und qualitativ wohl bedeutendste Vertreter der Stettiner Kantatenschule, sowohl Dichter als auch Komponist der Hochzeitsarie ist. Sein Text ist in Form eines Sentenzgedichtes angelegt, insofern alle Strophen mit dem Vers: "Die Liebe ist ein Paradieß" beginnen und aufhören, lediglich in der zweiten, dritten und zehnten Strophe leicht abgewandelt, aber immer mit dem Reimwort "Paradieß" am Schluß. Das ungewöhnliche Reimschema AbccbaA unterstreicht den vollkommenen, abgerundeten Zustand des Paradieses nicht nur durch die abschließende Wiederkehr der Sentenz, sondern auch durch das diese Schlußwendung einleitende Reimwort im vorletzten Vers sowie den umschließenden Reim im zweiten bis fünften Vers. So kommt schon formal eine gewisse zwingende Evidenz zustande. Vielleicht spielt hier auch die Zahlensymbolik hinein; die sieben Verszeilen könnten auf die sieben Schöpfungstage bzw. auf die Vollendung des Schöpfungswerkes im Paradieß verweisen und die Zehnzahl der Strophen (als Vollzahl des Dezimalsystems) abermals auf die Vollkommenheit des Paradieses oder der Liebe. - Inhaltlich greift der Autor natürlich auf Bilder des alttestamentarischen Schöpfungsberichts um Adam und Eva zurück, aber auch auf andere biblische Figuren, wie Abraham, Moses und Aaron. Wie selbstverständlich wird unter diese Figuren in der dialektisch infragestellenden zweiten Srophe der griechische Mythos vom unglücklichen Tantalos gemischt.

Klingenberg wird dem Sentenzcharakter seines Textes musikalisch gerecht, insofern er die erste und letzte Zeile gleich vertont, außerdem das Wort "Paradies" mit einer langen Koloratur hervorhebt wie kein anderes. Hier ist noch etwas zu spüren vom ursprünglichen Sinn der Koloratur, die sich im frühchristlichen Gesang zunächst als textloses Melisma, Jubilus, im Alleluia entwickelte und von Augustinus als überirdische Verzückung gedeutet wurde: "Die Sprache ist zu arm (für den unaussprechlichen Gott); und wenn die Sprache dir da nicht helfen kann, du aber auch nicht schweigen darfst, was bleibt anders übrig, als daß du jauchzest, daß dein Herz sich freut, ohne Worte zu sagen, und die unermeßliche Weite der Freude nicht die Grenzen der Silben kennt."[9] Auch die anderen kleineren Koloraturen wie der oft in Oktaven springende Generalbaß sind Ausdruck der Freude im Paradies bzw. in der Liebe. Das Ritornell setzt Klingenberg nicht scharf von der Aria ab, sondern läßt es formal und motivisch aus dieser hervorgehen, so daß man es insgesamt als eine Art noch größeren textlosen Jubilus auffassen kann. Die sehr häufigen Terzparallelen zwischen den in raschen Notenwerten jubilierenden Jagdhörnern und Oboen verweisen ebenso auf die Süßigkeit der paradiesischen Harmonie wie die zahlreichen Sextakkorde und Sextakkordreihen (Congeries; mit der weichen Terz als Baßfundament). Die bei Klingenberg mehrfach vorkommende Besetzung mit Jagdhörnern und Oboen akzentuiert die Vorstellung vom Paradies mit naturhafter bzw. pastoraler Tendenz, kann aber auch, gerade in Verbindung mit dem Fagott, praktische Gründe haben, nämlich als Freiluftinstrumentarium bei der Hochzeitsfeier.

---

[9] *Enarratio in Psalmum, Patrologia Latina,* XXXVI,283.

2. Glückwunschmusik

VP 30.2: M. Samuel Quake(nius) und ? / Georg Makuth

Das Stück stellt den Fall eines Doppelglückwunsches zur Amtseinführung und Eheschließung dar; dieser gilt sowohl („cum") dem Pastor und Probst von Usedom als auch („tum") dem Bräutigam. Der Name der Braut wird freilich nicht genannt. Der Gratulant, Georg Makuth (sonst auch Makoth) ist der Konrektor der Schule in Neubrandenburg und wahrscheinlich ein Verwandter („cognati suavißimi") des gefeierten Magisters Samuel Quake.

Wie der Titel ausweist, hat Makuth einen alten Spruch ("Antiquum illud") aus seinem ursprünglichen auf einen fremden, aber verwandten Sinn bezogen ("Nativo in alienum (convenientem tamen) traductum sensum"), für vier Vokalstimmen vertont und ein ebenfalls vertontes "Votum" hinzugefügt. Tatsächlich handelt es sich bei dem Doppelhexameter um ein bekanntes mittelalterliches Sprichwort, das möglicherweise auf antike Quellen zurückgeht.[10] Übersetzt lautet es etwa: „Wenn du auf irgend einem Sitz sitzt und er dir bequem ist, bleibe sitzen und weiche nicht." Der Spruch spielt offenbar auf die Ordinierung Quakens zum Pastor von Usedom an. Aus vier neugedichteten Hexametern besteht das Votum, übersetzt: „Lebt auf, altersschwache Jahre des Nestor, lebt Fruchttragende, vom Füllhorn regiert, lebt wie die Turteltauben, solange ihr lebt, lebt gleich den Himmlischen, wenn das Leben gegangen ist." Dieses Votum bezieht sich auf die Eheschließung, wobei der erste Vers vermuten läßt, daß der Bräutigam bereits ein fortgeschrittenes Alter hat. Das 1622 veröffentlichte Stück steht in seiner gelehrten Rätselhaftigkeit noch in der Tradition der lateinischen Gelegenheitsdichtung des 16. Jahrhunderts bzw. des Manierismus.

Der Tonsatz folgt ebenfalls einer älteren seit dem späten 15. Jahrhundert vor allem durch den Humanisten Conrad Celtis angeregten und gerade in Deutschland reich entfalteten Tradition der mehrstimmigen Vertonung antiker Odenstrophen, mit Vorliebe solcher des Horaz. Um das zugrundeliegende Metrum eindeutig herauszustellen, waren diese Sätze in der Regel streng homophon komponiert. Auch Makuths Satz weicht nur an zwei Stellen ein wenig davon ab, wobei die Kadenzen zum Wort "sedes" sinnfällig betont werden. Eine andere kleine rhetorische Besonderheit sind die Generalpausen (Aposiopesen) gegen Ende beim Wort "recede". Die Harmonik basiert ausschließlich auf Grundakkorden und unterstreicht ihrerseits die Lapidarität des Stils. - Die Musik des

---

[10] Vgl. Walther, Bd. 4, S. 938, Nr. 28882.

Votums ist noch wesentlich "fundamentaler" angelegt. Sie entfaltet sich in den drei Oberstimmen als einfacher Kanon im Einklang, wobei die Melodie sich ganz auf die Brechung des bloßen C-dur-Dreiklangs beschränkt, und zwar nach Art von Trompetenfanfaren („ad tubas maximè").[11] Die Unterstimme wiederholt (in beliebiger Rhythmisierung) lediglich den Grundton c, was in traditionell improvisierten Fanfarensätzen der Grobstimme oder dem Flattergrob entspricht. Die Rythmisierung dieser Stimme ist nicht ausgeführt, doch legt das Textkürzel "Vivite &c." nahe, den Rhythmus der zuerst einsetzenden Stimme anzugleichen. Kanons in gebrochenen Dreiklängen, wie sie im 17. Jahrhundert beliebt waren, wurden oft, vor allem in römischer Tradition, als Manifestationen einer Art Musikmystik bzw. der Engelsmusik betrachtet. Die vorliegende Hochzeitsmusik hat dagegen durchaus weltliche Hintergründe und dürfte durch das Mittel des ungetrübten Dreiklangs die vollkommene Harmonie der Ehe beschwören.

VP 10b: Theodor von Essen / Abraham Petzold
Die Funktion dieser Aria aus fünf Strophen mit je sechs trochäischen Tetrametern wird sowohl im Titelblatt als auch im ganzen zugrundeliegenden Gedicht bewußt allegorisch verschleiert. Die Rede ist von einer "Nahmens-Ode" sowie von Verlobung und Hochzeit. Tatsächlich handelt es sich aber nicht um eine der vielen üblichen Hochzeitsarien, sondern um einen Examensglückwunsch zur Magisterprüfung.[12] Verfasser ist der aus Loitz in Vorpommern stammende David Christian Hövet, ein Student der Theologie und Philosophie, der sich in der letzten Strophe freundschaftlich als "ander ich" des geehrten Studienkollegen Theodor von Essen bezeichnet. Die "Braut", von der in der hochzeitlichen Allegorie mehrfach die Rede ist, wird nur mit dem Namen "Sophia" genannt. Gemeint ist nicht der Vorname einer Frau, sondern der griechische Begriff für die Weisheit. Auch die übrige Metaphorik ist dem griechischen Kulturkreis verpflichtet, so gleich am Anfang der Bezug auf die Muse und deren Führer (Musagetes) Poibos Apollon. Wie in VP 2.2 werden die Greifswalder Professoren und Studenten als Musensöhne benannt. Auf die Greifswalder Universität oder Akademie wird mit dem "grünen Greiffenthal" angespielt, wobei die Verbindung zu

---

[11] Vokalmusik nach Trompetenart begegnet seit Guillaume Dufays Gloria ad modum tube häufiger.

[12] Lange (1898) hält das Werk für eine Hochzeitsarie: „Hochzeitsgedicht bei Vermählung mit Sophia...", s. S. 94.

Platons Hain des Akademos naheliegt. Im übrigen dominiert im ganzen Gedicht die Hochzeitsallegorie um die Göttin Themis, die nach griechischer Anschauung die elementaren Forderungen sowohl im Zusammenleben der Geschlechter bzw. der Familie als auch zwischen Göttern und Menschen verbürgt. Dadurch nimmt der Verfasser gleichzeitig Bezug auf die hochzeitliche Bildebene wie auf die persönliche Bedeutungsebene. Letzteres wird eventuell noch dadurch unterstrichen, daß "THemis" zweimal mit doppelten Großbuchstaben geschrieben wird und auf die Abkürzung für Theologie verweist.

Hövet übergab seine Dichtung dem Greifswalder Organist an St. Nicolai, Abraham Petzold, zur Vertonung. Diese folgt dem üblichen Schema von Hochzeitsarien mit Ritornell. Beide Teile stehen im tänzerischen 3/4-Takt und zeichnen sich durch eine lebendige Rhythmik aus, auch im Generalbaß. - Die Aria läßt einige rhetorische Anspielungen erkennen, so die Modulation in die Oberquinte bei den Worten "Auf des weisen Phoebi Sahl" - gemeint ist der Berg Helikon -; dazu spielt der Generalbaß um den Ton f eine Circulatio, eine sinusförmige Figur, die oft die göttliche Vollkommenheit symbolisiert, hier vielleicht direkt den Kreis der Musen bzw. Musensöhne. Das "Lust-Gethöne" wird durch punktierte Noten und den Zenit von Melodie und Generalbaß (Hyperbole) unterstrichen. Die Wiederholung der letzten Zeile, begleitet von unentwegt kleinen Notenwerten bestätigt das Wort "Tausend mahl". - Das Ritornell gestaltet Petzold, ähnlich wie in VP 2.2, mit drei Streichinstrumenten und Generalbaß als dreiteilige Rundform, wobei der ruhigere Rahmen einen konzertierenden Mittelteil umschließt. Dessen Motivik greift die am Ende der Aria im Generalbaß dominierenden daktylischen Rhythmen wieder auf. Auffallend im Rahmenteil ist die Zweischichtigkeit des Satzes, in dem die Violine mit der zweiten Viola, die erste Viola mit dem Generalbaß rytmisch gekoppelt werden, möglicherweise ein Hinweis auf das Textmotiv der hochzeitlichen Harmonie.

3. Trauermusik

VP 12: Margareta Fleck (1602-1653) / Julius Ernst Rautenstein (s. Abb. S.213f.)
Die Verstorbene stammte aus den höchsten Kreisen des Stettiner Bürgertums; ihr Mann war Bürgermeister von Stettin. Von daher wurde der Hoforganist Rautenstein möglicherweise offiziell mit der Vertonung einer großen doppelchörigen Trauermotette beauftragt. Es handelt sich um eine Psalmmotette, wie sie bereits im 16. Jahrhundert, seit den *Salmi spezzati* Adrian Willaerts, mit Vorlie-

be doppelchörig gesetzt wurden. Die Gründe dafür sind bereits in der antiphonalen Struktur der Psalmtexte mit ihrem Parallelismus membrorum angelegt. Die hier zugrundeliegenden in Reime gebrachten Psalmverse (Ps 73, 25f.)[13], die im letzten Halbsatz um den christologischen Bezug ergänzt werden, sind der Musik aus acht Singstimmen und Generalbaß noch einmal vorangestellt. Die Aussage des Textes entspricht der Contemptus mundi-Tradition, in der das Leben in Christus bzw. bei Gott die einzige Alternative bleibt, und paßt insofern zum Begräbnisanlaß bzw. zu dem im Titel genannten "begierlichen Seelen-Wunsch und Verlangen nach dem Himmlischen Bräutigam JEsu Christo".

Entsprechend den zwei Psalmversen gliedert Rautenstein die Großform der Motette in zwei Teile, die beide wiederholt werden. Die Satzstruktur im Detail hält sich an bewährte Muster und schwankt zwischen einer freien Kontrapunktik der Stimmen und homophonen Zusammenfassungen, wobei die Harmonik wenig moduliert und Grundakkorde stark dominieren. Wie in der jüngeren Doppelchörigkeit üblich differenziert Rautenstein die beiden Chöre als Hoch- und Tiefchor: 2 Canti, Altus und Bassett (Tenorlage) stehen Cantus (Altlage), zwei Tenöre und Baß gegenüber. Er beachtet die schon in der Doppelchörigkeit des 16. Jahrhunderts entwickelte Klangregie und läßt die Chöre lange Zeit einander abwechseln, wobei es nur an den Kadenzen kurze Überschneidungen gibt; erst gegen Ende der beiden Motettenteile führt Rautenstein beide Chöre zur Bekräftigung der Aussage zusammen. Der oft kurzatmige, häufig den Gedanken unterbrechende Wechsel - schon der Beginn ist davon geprägt - verrät aber eine barocke Affektsteigerung, ebenso die häufigen Wortwiederholungen, vor allem bei: "denn du, denn du, denn du, denn du, denn du allein HErr JEsu Christ". Sie überbieten im musikalischen Rahmen die rhetorische Figur der "barocken Masse" in der zeittypischen Dichtung. Die Melismen folgen zum Teil einem inhaltsfreien Spiel der Linien, zum Teil sind sie aber auch rhetorisch bedingt.[14] So drückt die Vielheit der Noten (Multiplicatio) beim Wort "hab" den Reichtum im Haben Jesu Christi aus (T. 5ff.). Die Circulatio beim Wort "Erden" beschreibt deren Kugelgestalt. (T. 12ff. in C I sowie 22ff. im A und T II). Im Vergleich zur

---

[13] Die Reime könnten von Rautenstein selbst stammen; sie sind nicht identisch mit Ahasverus Fritzschs 1719 in Barth erschienenem Psalmlied *Herr, wenn ich dich nur werde haben...*; s. Zahn, Nr. 2810-2814.

[14] Reichs Behauptung, Rautensteins Motetten „verzichten völlig auf madrigaleske Wortausdeutung" (1962, S. 87), ist weder von der Sache her, noch aus der Perspektive des Komponisten zuzustimmen, der seine Komposition in VP 83 ausdrücklich als „Madrigal" bezeichnet.

musikrhetorischen Kunst eines Heinrich Schütz oder anderer großer Zeitgenossen sind Worte wie: "Ob mir gleich Leib und Seel verschmacht" recht schwach in Musik gesetzt. Das Verschmachten beschränkt sich im wesentlichen auf eine Katabasis der Unterstimme und eine mutatio generis von C- nach E- und A-dur (T. 37ff.). Wirkungsvoll ist die breit angelegte authentische Kadenz der letzten sieben Takte mit Orgelpunkt auf der fünften Stufe, die die Gewißheit von "Trost und Erbtheil" zum Ausdruck bringt.

VP 83: Dorothea Elisabeth Hempel / Julius Ernst Rautenstein

Nur vier polyphone Motetten sind in den *Vitae* überliefert, zwei von den Rostocker Organisten Nicolaus Gotschovius (1610) und David Aebel (1624), die beiden anderen von dem Stettiner Hoforganisten Julius Ernst Rautenstein (1653/54). Rautenstein hatte einen berühmteren Vorgänger, den aus Chemnitz in Sachsen stammenden Philipp Dulichius (1562-1631), Kantor an St. Marien und am Stettiner Paedagogium. Wie Dulichius zeitlebens der klassischen Vokalpolyphonie eines Orlando di Lasso verbunden blieb, mit dem er übrigens auch verglichen wurde[15], hielt Rautenstein in seinen erhaltenen Motetten an kontrapunktischen Satzweisen fest, allerdings unter Einbeziehung barocker Neuerungen. Die beiden Motetten aus den fünfziger Jahren schließen sich, vielleicht bewußt, an die 1648 von Heinrich Schütz veröffentlichte *Geistliche Chormusik* an, in der der über Sechzigjährige eine Lanze für die alte kontrapunktische Satzweise bricht. Das ausgewählte Beispiel zeigt aber, daß Rautenstein wie Schütz außerdem eine moderne eigentlich überflüssige Generalbaßstimme hinzugibt. Was den Satz aber vor allem von der klassischen Vokalpolyphonie des 16. Jahrhunderts unterscheidet, ist die Kontrastanlage von Trauer- und Freudenaffekt, die den ersten beiden Halbsätzen der Psalmmotette entspricht: "Die mit Thränen seen, werden mit Freuden erndten." Musikalisch wird hier ein polyphoner Satz im langsamen geraden Takt einem homophonen im schnellen Dreiertakt gegenübergestellt, und das gleich mehrfach. Der rhetorisch insistierende Gestus der Gesamtanlage spiegelt sich auch in Details, etwa in der tonmalerischen Formulierung der Tränen, des Säens (Hypotyposis, T. 1ff.), des Hingehens und Bringens (Anabasis, T. 50ff.; 75ff.-106), des Weinens (Pathopoia, Mutatio generis, T. 56f.). Wohl aufgrund solcher Figuren, die den neueren, aus Italien übernom-

---

[15] Notiz seines Kollegen, des Subrectors Johannes Micraelius in der Totenliste von 1731; vgl. Schwarz, II, S. 23.

menen rhetorischen Anspruch unterstreichen, hat Rautenstein das Werk auf dem Titelblatt nicht als bloße Motette, sondern als "Madrigal" bezeichnet, gleichzeitig aber untertreibend als "Lied". - Auch wenn Rautensteins musikalische Formulierungen nicht ganz so markant und differenziert sind wie die eines Schütz, erweist sich der Stettiner Meister in dieser Motette als ein niveauvoller Musicus poeticus.

VP 6.1: Christoph Caden / Johann Martin Rubert (s. Abb. S. 215)
Der Verstorbene lebte von 1592 bis 1662. Er war selber professioneller Musiker, neben Michael Rohde[16] wohl der einzige, der in den *Vitae Pomeranorum* geehrt wurde, allerdings nicht als Musiker, sondern als Geistlicher. Wie der Druck ausweist, war Caden Pastor in Wusterhusen bei Greifswald. Dazu wurde er bereits 1620 ordiniert. Zuvor besuchte er das fürstliche Paedagogium in Stettin und die Universität Greifswald und wurde 1613 Director chori musici am herzoglichen Hof in Wolgast sowie Cantor der Schule. 1627 wurde er Hofprediger, danach herzoglicher Beichtvater. Bei Promotionen der Universität Greifswald war er der bevorzugte Pastor. Caden war somit eine Persönlichkeit, die mehr als nur lokales Ansehen genoß. Er heiratete dreimal (1620, 1642, 1646).[17]

Der Einblattdruck gehört zu den merkwürdigsten Beispielen der *Vitae Pomeranorum*. Er ist gattungsmäßig den im 17. Jahrhundert beliebten Picturae Musicae zuzuordnen, insofern hier Text und Noten in Form eines symbolhaften Bildes angeordnet werden. So verdichten sich hier in emblematischer Weise Wort, Ton und Bild. Die Überschrift zeigt an, was abgebildet wird, mit welcher Bedeutung und in welcher Funktion: "Traur-Cypressen Abbildende Der Menschen Glückseligkeit / In einem Musicalischen Grabmal." Textlich handelt es sich nicht um eine strophische Dichtung, sondern einerseits um eine infinitivische Aufzählung von Aspekten eines christlichen Lebenswandels, andererseits um ein Christuszitat aus dem Johannesevangelium (14,6). Musikalisch ist letzteres dem Baß zugewiesen, der traditionellen Stimmlage Christi in Oratorien, im Generalbaßzeitalter gleichzeitig Fundament des ganzen harmonischen Satzes, mithin des "Weges", der "Wahrheit" und des "Lebens" einer musikalischen Komposition und symbolisch generell. Bildlich wird diese Stimme im Zentrum als Kreuz angeordnet, Symbol Christi und der Erlösung. Darüber, an höchster

---

[16] S. im Kat. VP 171d, fol. 419f. und 427f.
[17] Vgl. Köhler, S. 485.

Stelle, ist der Altus abgedruckt (wörtlich: "der Hohe", wenngleich musikalisch im Barock eine Mittelstimme). Er wiederholt sozusagen als Herold immer nur die auf den Baß verweisenden Worte: "Christus spricht". Die linke Flanke bildet eine Kanonstimme für zwei Soprane, im engsten Einsatzabstand als "Fuga ad minimam", die rechte Flanke eine Sopranstimme, die aber auch als Tenor ausgeführt werden kann ("si placet"). Als Ganzes ergibt sich ein dreieinhalbtaktiger offener fünfstimmiger Satz, der sich beliebig wiederholen läßt.

Das Bild kann in mehrfacher Weise gelesen werden: a) insgesamt als Zypressenblatt, wobei der Kreuzstamm in der Mitte den Stiel des Blattes bildet, d.h. als gleichzeitiges Symbol von Tod und Erlösung; b) als Antagonismus von Außenrand und Innerem, als Zypressenblatt und Kreuz, d.h. als Leben und Tod oder diesseitiges und jenseitiges Leben; c) als senkrechte Achse und Rand, als Stamm und Blätter, d.h. als Christus und Gemeinde - hier liegt die Assoziation zu einem anderen Christuswort aus dem Johannesevangelium (15,5) nahe: "Ich bin der Weinstock, ihr seid die Reben. Wer in mir bleibt und in wem ich bleibe, der bringt viele Frucht." Durch diese Vielschichtigkeit wird das Bild zu einem potenzierten Meditationsobjekt, dessen Wirkung durch die Ausführung als fünfstimmige Komposition noch weiter verstärkt wird. Die über die vierstimmige Norm hinausgehende Fünfstimmigkeit dürfte übrigens über die dargestellte Kreuzform auf die fünf Wunden Christi verweisen, die traditionell oft für Meditationszwecke in Szene gesetzt wurden, musikalisch z.B. von Ruberts großem Zeitgenossen Dietrich Buxtehude in Lübeck mit seinem wenige Jahre später entstandenen Zyklus von Devotionskantaten *Rhythmica oratorio ad unum quodlibet membrorum Christi patientis et a cruce pendentis.*

VP 14.2 II: Matthias von Güntersberg / O.B. von Schwerin (s. Abb. S. 216f.) - VP 59: Johannes Pascovius

Das Lied "Mir ist mein GOtt nicht unbekand" liegt in den *Vitae Pomeranorum* in zwei musikalisch unterschiedlichen Fassungen vor. Die ältere Fassung (VP 59) von 1659 gibt im Titel nur den Dichter an, Jacobus Ludowieg, Student der Theologie. Über den Komponisten heißt es nur: "Und von einem guten Freunde mit 5. Stimmen gezieret". Solche Formulierungen tauchen häufig auf – siehe Katalog - und lassen sich manchmal auflösen. In der 23 Jahre jüngeren Fassung von 1682 wird als Komponist der bisher unbekannte "O.B. v. Schwerin" genannt. Es ist aber durchaus nicht gesagt, daß auch der ältere, ganz anders geartete Tonsatz von ihm stammt. Freilich stimmen nicht nur die Texte (bis auf einige Abweichungen der Rechtschreibung) überein, sondern auch die Melodie und sogar die Baßstimme. Im älteren Fall, dem Trauerchor für den Stettiner Bürgermeister Johannes Pascow (1592-1659), handelt es sich aber um einen fünfstimmigen choralartigen Satz, der durch die Quinta vox eher retrospektiv wirkt, im neueren um ein einfaches Generalbaßlied. Sollte von Schwerin nicht auch die ursprüngliche Fassung komponiert haben, würde sich seine Leistung auf die Hinzufügung der Generalbaßziffern zur Unterstimme unter Eliminierung der Mittelstimmen beschränken.

Das neunstrophige Gedicht steht thematisch in der Tradition des Vado mori, einer speziellen Ausformung der Meditatio mortis seit dem Mittelalter.[18] Im Vado mori wird die Pilgerschaft bzw. der Wegcharakter des menschlichen Lebens meditiert, das von der Erde durch das Grab zum Himmel führen soll. Der Dichter kommt darauf mit etlichen Formulierungen zu sprechen. Er bezeichnet sich selbst als "Pilger" und "Frembdling", die Erde als "Pilger-Land", dessen "Unglimpff" ihn dazu bringt, zu Gott "zu streben" und seinen "Lauff" zu nehmen. Musikalisch wird das "Aus der Welt"-Gehen vor allem im neunten und zehnten Takt durch einen über eine None absteigenden Achtellauf der Baßstimme (Katabasis) als Ins-Grab-sinken interpretiert.

VP 32.2b: Euphrosine Sophia Rubach / Erdmann Eckhard Rubach
Die Verstorbene war die Ehefrau des Kamminer Pastors Peter Rahr und wurde 1683 in Kammin beerdigt.

Das Werk stammt dem Text, wahrscheinlich auch der Musik nach von Erdmann Eckhard Rubach aus Frankfurt an der Oder. Rubach, der Berufsmusiker gewesen sein dürfte, schuf diese Arie auf Begehren seiner Schwester Euphrosine Sophia Rubach, die in Stettin verstarb, wo das Stück auch gedruckt wurde. Es zeigt viel Ähnlichkeit mit den Arien von Klingenberg und anderen Stettiner Meistern, wenn es auch kürzer ist als deren meiste Strophenarien.

Im sechsstropigen Gedicht nimmt der Autor persönlich Bezug auf den Tod der Schwester, spricht aber auch vom Verlust für seinen Schwager und für die Stadt Stettin. Die Frömmigkeit und die "berühmten Keuschheits-Gaben" der Verstorbenen nimmt er zum Anlaß, sie mit Penelope zu vergleichen, ihren Gatten folglich mit Ulysses, der den Ruhm seiner Frau auf seinen Seereisen ver-

---

[18] S. dazu Rudolf, S. 49ff.

breitet habe. Der Witwer, Peter Rahr, gehörte indes nicht dem reisenden Kaufmannsstand an, sondern war Pastor in Kammin. Die Rede ist also nicht von realen Reisen, sondern von der Seereise als Metapher der Lebens. Insgesamt verfolgt der Verlauf des Trauergedichts den üblichen Weg von der Klage zum Trost. Dieser wird allerdings nirgends christlich akzentuiert, was gerade bei einer Pfarrersfrau ungewöhnlich erscheint. Vielmehr wird noch in der letzten Strophe der Nachruhm der Verstorbenen thematisiert: "Dein Ruhm wird nicht mit dir begraben". Das erinnert eher an heidnisch-antike Traditionen, speziell an die Ode des Horaz über die Unsterblichkeit des Ruhms (III,30):"... Non omnis moriar multaque pars mei / Vitabit Libitinam : usque ego postera / Crescam laude recens ...". Diese Ode wurde übrigens schon von Martin Opitz ins Deutsche übersetzt.[19]

Die im Gedicht thematisierte Klage um den Tod der Schwester findet deutliche rhetorische Reflexe in der Musik, vornehmlich natürlich in Bezug auf die erste Strophe als Ausgangspunkt der Komposition. Dies gilt nicht nur für die Singstimme, sondern auch für den Generalbaß sowie die anderen Instrumentalstimmen. Durch die ab- und aufwärts gerichtete Melodieführung wird der Wortaffekt sorgfältig beachtet, so als Katabasis am Anfang in Singstimme und noch deutlicher im Generalbaß, womit der Auszug aus der Welt gemalt wird, im weiteren ebenfalls bei den Worten "trübe Blicke" und "Trauer-Nacht". Den Gegensatz dazu bildet die Anabasis vor "mein Gelücke" (mit zusätzlichem Triller) und bei "meine Lust" sowie die Hyperbole bei "Himmel". - Wenigstens genauso eindrucksvoll ist die sonst oft ziemlich neutrale Synphonia zwischen den Strophen. Sie erklingt mit zarten und noblen Gamben im sparsamen Satz due canti e basso und gibt in ihren wenigen Takten ein Bild der Zerbrechlichkeit des irdischen Daseins. Am Anfang ist der Satz mehrfach von Pausen (als Suspiratio oder Aposiopesis) durchbrochen, wodurch eine kurzatmige, beklommene Wirkung entsteht. Dabei wird die Klageemphase gesteigert durch die Verlängerung der Motive von einem über zwei zu fünf Tönen, die in der ersten Viola über Dreiklangstöne zum Klageintervall der kleinen Sexte aufsteigen (Exclamatio). Der zweite Teil des Satzes wird in den Oberstimmen von einem Tremolo aus Achtelrepetitionen beherrscht, wie es zuerst Claudio Monteverdi 1623 in seiner dramatischen Szene *Il combattimento di Tracredi e Clorinda* verwandte. Feinsinnigerweise hatte Rubach das Tremolo, mit dem das Zittern und Zagen angesichts des Todes gemalt wird, schon im zweieinhalbtaktigen Nachspiel der Arie angedeutet. Der Schluß bringt noch einmal eine Aposiopesis als Todessymbol. Das lapi-

---

[19] *Horatii: Exegi monumentum*, Opitz, Bd. II, S. 748.

dare Schlußmotiv ist ausdrücklich piano zu spielen, ein Ausdruck des Schattenhaften oder des Verzagens. Da der Satz aber in Dur endet (mit der großen Terz im Diskant), mag auch das Moment des Trostes hineinspielen, wie es das Gedicht in der letzten Strophe hervorhebt.

VP 46: Paul Wedige von Borck / Anonymus
Die beiden Trauerlieder sind ohne Titelblatt überliefert, so daß weder ein Dichter noch ein Komponist genannt wird. Das Lied "Nur das Leben in dem Himmel, Nicht der Erden schnöde Lust" thematisiert schon in den ersten Versen die barocke Vanitasidee mitsamt ihrer christlichen Lösung, die schon in der vielgelesenen *Imitatio Christi* des Thomas von Kempen die Formulierung des Alten Testaments (Prediger Salomo 1,2) fortführt: "Vanitas vanitatum et omnia vanitas - praeter amare Deum et illi soli servire".[20] Typisch sind die zahlreichen konträren Bilder und Begriffe, wie "Himmel" - "Erde", "JEsus" - "Welt-Getümmel", "GOTT" - "Quaal", "Sünd" - "beste Wahl" etc. Das Reimwort "Wahl" beschließt jeweils den letzten Vers der vier Strophen. Damit wird der dualistische Entscheidungscharakter der christlich-barocken Lebensauffassung herausgestellt. Eigentlich widerstreitet dieser der reformatorischen Prädestinationslehre, nach der der Mensch, ohne Einflußmöglichkeit, entweder von Gott oder vom Teufel geritten wird.[21] Das Argument des Erasmus von Rotterdam, daß damit alle Moral hinfällig sei, hat sich im Moralismus des 17. und 18. Jahrhunderts stillschweigend durchgesetzt, gerade im Protestantismus, und damit das, was Luther selbst für den "Angelpunkt der Sache" hielt, auf den Kopf gestellt.

Das zweite Lied "Jage nach dem besten Ziel, So wird es dir schon gelingen" hat eine ähnliche Thematik, in der aber nicht die "Wahl", sondern die "Jagd" nach irdischen oder himmlischen Gütern akzentuiert wird. Am Schluß des sechsstrophigen Liedes wird der christliche "Jäger Ein vergnügter Cronen-Träger" genannt: "Ja Er wird nach solchem Jagen / Seines Glaubens Ziel wegtragen." Auch diese Vorstellung ist mit der Prädestinationslehre kaum in Einklang zu bringen. Desto besser paßt sie auf den Betrauerten Paul Wedige von Borck, der nämlich nicht nur schwedischer Oberst, sondern auch Oberjägermeister war.

---

[20] *De Imitatione Christi* I, §1
[21] Vgl. v.a. Martin Luther, *De servo arbitrio*.

Wie man an dem fehlenden Titelblatt, vor allem aber an Instrumentalangaben über der Sopranstimme erkennt, handelt es sich bei den beiden Liedern um Fragmente. Als Instrumente für die fehlenden Ritornelle sind im einen Fall drei Flöten und drei Gamben, im andern Gamben und Oboe angegeben. Daß übrigens die erst seit ca. 1690 nach Deutschland importierte Oboe (Hautbois anstelle der alten Schalmei) im Jahr 1700 in einem Greifswalder Druck erscheint, ist ein weiterer Beleg dafür, daß von einer Rückständigkeit der damaligen Musik in Pommern nicht die Rede sein kann. Die Gestaltung des musikalischen Satzes ist in den beiden Liedern unterschiedlich. Während das erste aufgrund der stark syllabischen Vertonung und der Barform mehr an den evangelischen Liedchoral erinnert, hat das zweite eher Ariencharakter, und zwar durch die vielen kleinen Melismen und Intervallsprünge, die offenbar das "Jagen" betonen sollen. Auch die ursprüngliche Besetzung mit einer Oboe dürfte die Assoziation mit der Jagd unterstrichen haben, da der tiefere Oboentypus, Oboe da caccia, vornehmlich zur Jagd gebraucht wurde.

VI. Katalog der Musik in den *Vitae Pomeranorum*

Der Katalog umfaßt 1. mit Noten überlieferte Werke, 2. ohne Noten überlieferte Musikwerke und 3. musikalische Figurengedichte (im Umriß von Musikinstrumenten). Da die Autoren vielfach anonym bzw. nicht eindeutig zu bestimmen sind, werden die Werke nach fortlaufenden Signaturen der *Vitae Pomeranorum* geordnet. Bei mehreren Werken in einer Akte sind römische Zahlen in Klammern hinzugefügt. In VP 171, der großen Sammlung von Stettiner Hochzeitscarmina, ist zur besseren Orientierung die Paginierung mit angegeben. Die Abkürzungen der Vokal- und Instrumentalstimmen folgen prinzipiell RISM. (Friederich Gottlieb Klingenberg unterscheidet merkwürdigerweise mehrfach innerhalb eines Werkes zwischen Basson (frz.) und Fagotto (ital.); darum wird die Angabe *Basson* generell nicht in *fag* aufgelöst.) Die einzelnen Angaben der Titel werden, soweit vorhanden, wie folgt aufgeführt:

Signatur (wenn möglich mit Folioangabe)
Originaltitel (abgekürzt)
Anlaß, Widmungsträger, Ort und Jahr
Autoren (Dichter und Komponist)
Drucker, Ort, Jahr
Gattung, Strophenzahl (gegebenenfalls), Stimmenbesetzung
Inzipit der jeweils höchsten Stimme des Vokal- (und gegebenenfalls Instrumental-)teils
Bemerkungen

1. mit Noten überlieferte Werke:

VP 2.2(I) (= VP 13)
Glückwünschender Mund...
Hochzeit von Jacob Balthasar und Anna Catharina Gerdes, Greifswald 1684
Komponist: Abraham Petzolt
Druck: Daniel Benjamin Starck, Greifswald

Aria (9 Str.): S, bc; Rittornello: 2 vl, bc

VP 4a.1 (I) (= VP 34.3)
Traur-Ode ... in einer Traur-Music vorgestellet...
Beerdigung von Christina Böttcher, verh. Schröder, Stettin 1683
Dichter: Georg Michael Balduin, Komponist: Hieronimus Jennerich
Druck: Daniel Starck, Stettin
Aria (18 Str.): S, 2 vla da gamba, bc; Sinfonia: 3 vla da gamba, bc

VP 4a.1 (II)
Die Liebes-Klammern Auß der Venus-Schmiede Am Hochzeitlichen Ehren-Tage
Hochzeit von Johann Braun und Sophia Margareta Schmied, (Stettin) 1695
Komponist: H.J. (= Hieronimus Jennerich)
Druck: Friderich Ludwig Rheten, Stettin
Aria (9 Str.): S, bc; Rittornello: 2 vl, 2 vla da gamba, bc

VP 6.1
Traur-Cypressen Abbildende Der Menschen Glückseligkeit In einem Musicalischen Grabmahl...

Beerdigung von Christoph Caden (Pastor in Wusterhusen), Greifswald 1662
Komponist: Johann Martin Rubert (Organist zu St. Nicolai, Stralsund)
Druck: Matthaeus Doischer, Greifswald (Universitätsdruckerei)
SSATB
Text der Baßstimme nach Jo 14,6.

VP 10b
Nahmens-Ode Welche Auf den Hochzeitlichen Ehren-Tag...
Examensglückwunsch für Theodor von Essen, Greifswald (1683)
Dichter: David Christian Hövet, Komponist: Abraham Petzold
Druck: Daniel Benjamin Starck, Greifswald
Aria (5 Str.): S, bc; Rittornello: vl, 2 vla da gamba, bc

VP 11.1
Traur-Ode Auff den zwar frühzeitigen / jedoch seeligsten Abscheid...
Beerdigung von Elisabeth Fabricius, Stettin 1656
Dichter und/oder Komponist: Andreas Fritz(ius)
Druck: Georg Götzke, Stettin 1656
Choral (15 Str.): SATB

VP 12
Begierlicher Seelen-Wunsch und Verlangen nach dem Himmlischen Bräutigam JEsu Christo...Motet...
Beerdigung von Margareta Fleck, verh. von Brunschweig, Stettin 1653
Text: nach Psalm 73,25f. (gereimt)
Komponist: Julius Ernst Rautenstein
Druck: Georg Götzke, Stettin

SSA Bassett, STTB, bc

(VP 13, f. 199f. = VP 2.2(I))

VP 14,2 (I), f. 360, 363ᵛ
Ein bewertes Recept und Hertz-erquickendes julep-Wasser: welches / zum Labsahl und zur Befriedigung/ denen höchst-bekümmerten Hoch-Adelichen Eltern...
Beerdigung Rede von Jacobus Ludovicus (Jakob Ludwig?, Pastor in Jacobshagen)
Dichter: Motto Zitat von Theodor Lübbert (1656)
Druck: Witwe Michael Höpfner, Stettin
einzelne Melodiezeile (Motto)

VP 14,2 (II)
Letztes Ehren-Gedächtsnis auff dem Frühzeitigen doch seeligen Abscheid...
Beerdigung von Matthias von Güntersberg, Neu-Stettin 1682
Komponist: O.B. v. Schwerin
Druck: Berger Campen, Stargard 1682
Lied (9 Str.): SB, bc
Über der Cantusstimme steht das Motto: „Non mundana volo, sperno terrestria quaeque; Quid tum? te Dominum gestio habere meum."

VP 21.2
Der wolgeschlossene Kauff-Handel mit Priester–Wahre... Arie...
Hochzeit von Wolffgang Siegmund Kohler und Agnisa Sophia Utecht, Stettin 1693
Komponist: H.J. (= Hieronimus Jennerich)
Druck: Samuel Höpfner, Stettin
Arie (9 Str.): S, bc; Ritornell: fl, 2 vla da gamba, fag, bc

VP 21.3

Vertauschtes Corpus Juris und Neuergriffenes Liebes-Buch... Arie...
Hochzeit von Johann Friderich Köppen (Advokat)und Anna Catharina Buchow, Stettin 1688
Komponist: „von einem guten Freunde, der Music obliegend" (H. Jennerich?)
Druck: Daniel Starck, Stettin
Arie (14 Str.) - Fragment!: S, bc; (Ritornell): 2 vl, 2 vla, fag, bc

VP 23.2

Den Frieden und die Liebe Als Himmlische Kenn Zeichen Einer von Gott gestifteten Ehe...
Hochzeit von Johann Gottfried Lehmann und Gottlieb Margareta Wehlingen, Stettin (1717)
Komponist: Friedrich Gottlieb Klingenberg
Druck: Hermann Gottfried Effenbahrt, Stettin
Aria (14 Str.): S bc; Ritornello: ob, 2 fl, fag, vla da gamba

VP 24.3

Ode Gamike in Sacram conjugii festivitatem Neonymphorum lectißimorum
Hochzeit von Gualterius (Walter) Lyndsay und Barbara Eßkein, Greifswald (1620)
Dichter und Komponist: Petrus Brunnemann
Druck: Johannes Albinus, Greifswald 1620
Villanella mit niederdeutschem Text (3 Str.): 3 v: -TB, Fragment!

VP 30.2
Antiquum illud Si qua sede sedes e nativo in alienum (conveniantem tamen) traductum sensum...
Hochzeit von Samuel Quake, Greifswald 1622
Dichter und/oder Komponist: Georg Makuth
Druck: Johannes Albinus, Greifswald
Chorsatz mit lateinischem Text: SATB

VP 30.3
Den lieblichen Geruch einer JESUS Braut vor Gott und den Menschen...
Hochzeit von Johann Rampusch und Anna Elisabeth Degner, Stettin (1718)
Dichter: Johann Gottfried Lehmann, Komponist: Friederich Gottlieb Klingenberg
Druck: Hermann Gottfried Effenbahrt, Stettin
Aria (16 Str.): S bc; Ritornello: 2 Jagdhörner, 2 ob, fag

VP 32.2b
Traur-Ode...
Beerdigung von Euphrosine Sophia Rubach, (Stettin 1683)
Dichter und/oder Komponist: Erdmann Eckhard Rubach (jüngster Bruder der Verstorbenen aus Frankfurt a.d. Oder)
Druck: Witwe Michael Höpfner, Stettin
Aria (6 Str.): S, 2 vla, bc; Synphonia: 2 vla, bc

VP 33.2
Das Paradieß der Liebe...
Hochzeit von M. Benjamin Scheele und Sophia Juliana Krey, Stettin 1720

Komponist: Friederich Gottlieb Klingenberg (musikalisch eine Variante von VP 30.3)
Druck: Hermann Gottfried Effenbahrt, Stettin
Aria (10 Str.): A, bc; Ritornello: 2 Jagdhörner, 2 ob, fag

VP 34
Beerdigung von Elisabeth Schröder; Stettin 1680
Dichter und Komponist: Christian Spahn
Druck: Daniel Starck, Stettin
Aria (8 Str.): S, bc; Symphonia: 3 vla da gamba bzw. da braccio?, bc
Im Titel steht 3. Violdigamba, in den Stimmen dreimal Braccio. - Auf dem Titelblatt ist ein Emblem (Öllampe) zu sehen mit der kreisförmigen Umschrift: „De lucendo sine luce."

(VP 34 = VP 4a.1 (I))

VP 35 (I)
Ehren-Gedichte Der Woll-Edlen/ VielEhr- und Tugendreichen...
Beerdigung von Christine Eleonore von Schwalenberg, Stettin (1672)
Druck: Daniel Starck, Stettin
Aria (9 Str.): S, bc; Rittornello: 5 vla da gamba (einschl. bc)
Auf dem Titelblatt ist ein Katafalk abgebildet mit der Beschriftung: „Christus ist mein Leben, Sterben <ist mein> Gewinn."

VP 35 (II)
Die selige Cur...
Beerdigung von D. Nicolaus Schultz, Stettin 1680
Druck: Witwe Michael Höpfner
Aria (8 Str.): S, 2 vla da gamba, bc; Symphonia: 3 vla, bc

VP 36.3
Beerdigung von Christine Siltmann, verh. Sparfeldt (Greifswald 1698)
Druck: Daniel Benjamin Starck, Greifswald
2 Arien: Aria vor der Predigt (4 Str.), Aria nach der Predigt (6 Str.), beide: S, bc

VP 37.1
Blumen-geziertes Liebes-Gedicht
Hochzeit von M. Peter Stamm und Margarethe Elver, Greiffswald 1673
Komponist: Petrus Crohn
Druck: Matthäus Doischer, Greifswald
Aria (13 Str.): 2S, bc; Symphonie: 2 fl, bc (Die 13. Str. ist eine Variante.).
Die Dichtung ist dem Titel nach „Auß Sehl. D. Paul Flemings Poetischen Buch entlehnet".

VP 37.3
Hochzeit von Carl Christian Strauss und Catharina Sophia Kundenreich, Stettin 1720
Dichter: Heinrich Daniel Bartels, Komponist: Friederich Gottlieb Klingenberg

Druck: Herrmann Gottfried Effenbahrt, Stettin
Aria (12 Str.): S, 2 Jagdhörner, 2 ob, fag, bc; Ritornello: 2 Jagdhörner, 2 ob, fag, bc

VP 46
Das Paulinisch... von Übung einer guten Ritterschaft... <Fragment>
Beerdigung von Paul Wedige von Borck(e), Greifswald 1699/1700
Druck: Daniel Benjamin Starck, Greifswald
Lamento (4 Str.): S, bc (Ritornell verschollen: 3 fl, 3 vla da gamba)
und Aria (6 Str.): S, bc (Ritornell verschollen: ? vla da gamba, ? ob)

VP 53
Ultimus honor...
Beerdigung von Hartwig von Hoben, Rostock 1705
Dichter: Victor Pfeiffer, P., (Mel. vgl. "Wer nur den lieben Gott läßt walten")
Druck: Nicolaus Schwiegerovius, Rostock
Arie (10 Str.): S, bc
Auf dem Titel ist zwischen zwei weinenden Engeln ein Katafalk abgebildet mit der Beschriftung: Christus ist mein Leben, Sterben ist mein Gewinn." Darüber weht ein Spruchband mit der Aufschrift: Heute an mir, morgen an dir.

VP 54
Hochzeitlicher Ehrenwunsch
Hochzeit von Daniel Keddel und Maria Jacobi, Jarmen/Greifswald 1676
Dichter und Komponist: Paulus Peetschius (Kantor an der Ratsschule zu Anklam)

Druck: Matthaeus Doischer, Greifswald
Aria / Ode Jambica (6 Str.): T, bc; Rittornello: 2 vl, 2 vla, bc

VP 59
Desiderium Pascovianum, Das ist: Sehnliches Verlangen nach dem ewigen Leben...
Beerdigung von Johannes Pascow, Stettin (1659)
Dichter: Jacob Ludowieg, Komponist: "von einem guten Freunde" (vgl. VP 14.2)
Druck: Georg Götzke, Stettin
Choral (9 Str.): S,5,A,T,B, bc

VP 77
Epitalamion...
Hochzeit von Joachim Engelbert und Catharina Runge, (Rostock 1624)
lateinischer Text: Hoheslied 4,7f., Komponist: David Aebelius (Ebel)
Druck: "Haredum Richelianorum"?+, Rostock
Motette: S,5,A,6,T,B

VP 83
Threnen und Traur-Lied...
Beerdigung von Dorothea Elisabeth Hempel, Stettin 1654
Text: Psalm 126, Vers 5f., Komponist: Julius Ernst Rautenstein
Druck: Georg Götzke, Stettin 1654
Madrigal: SSATB bc

VP 105a
Votum Sponsale Musicum...

Hochzeit von Lorenz Stephani und Anna Cothmann, geb. Stephani, Rostock (1610)
Komponist: Nicolaus Gotschovius
Druck: Stephan Müllman, Rostock 1610
Motette: SSAT SATB ATBB
Die zwölf gereimten Verse bilden ein Acrostichon mit dem neuen Namen der Braut: ANNA COTMANNI.

VP 109

Nuptijs Gentris antiquitate et virtutis, Doctrinaeque...
Hochzeit von Balthasar Witte und Anna Scheuukirchen
Dichter und Komponist: Caspar Otthomann
Druck: Augustin (II) Ferber(ianus), Greifswald 1608 (Noten handschriftlich)
2 Kanons (einer mit lateinischem Text) unter zahlreichen anderen Gedichten

VP 129

Epicedia latine & germanice – Trost-Lied
Beerdigung von Hedwig Rantzow 1640
Dichter, evtl. auch Komponist: Peter Hagen (Pastor in Süllfeld)
Druck: Michael Meder(us), (Stralsund) 1641
Choralmelodie (3 Str.)

VP 157

Achrostichis funebris
Gedenken an Jacobus Flachius (Jakob Flach, Jenaer Professor für Medizin), gest. (Jena) 1611
Komponist, evtl. auch Dichter: Georg Quitschreiber (Kantor in Jena)
Druck: Johannes Weidner(us), Jena 1613

Choral (3 Str.): SATB
Die zwölf Verse bilden das Acrostichon: IACOBUS FLACH

VP 168 (I)
Traueroden
Beerdigung von Wilken von Berglassen, (Jena 1679)
Druck: Nisische Druckerei, Jena 1679
2 Choräle (7 und 5 Str.): SATB

VP 168 (II)
Klag- und Trauer-Gespräch ... in einer Arie
Beerdigung von Wilken von Berglassen, (Jena) 1679
Komponist: Severus Gastorius (Kantor zu Jena)
Druck: Johann Werther, Jena
Dialog (zwischen Mutter und Sohn) (8 Str.): SAA bc

VP 171a, f. 14f.
Der Kivit bey dem Bach... Arie...
Hochzeit von Paul Kivid und Barbara Beckmann, Stettin 1672
(Dichter und) Komponist: Von einem guten Freund
Druck: Gabriel Starck, Stettin
Aria (8 Str.): S, 2 vl (?), bc
Das Emblem auf dem Titel zeigt ein Herz mit Blütenkelch; aus den Wolken greifen zwei Arme herab, die vor das Herz ein Spruchband halten mit der Aufschrift: „Quod Deus coniungit, homo non separet."

VP 171a, f. 24f.
Das schallende Eh- und Ehren-Horn... Arien-Thon...
Hochzeit von Paul Erhorn und Maria Dennehl, Stettin 1683
Dichter: Von einem geneigten Freunde
Komponist: Hieronymus Jenrich
Druck: Michael Höpfners Erben, Stettin
Aria (9 Str.): S, bc; Ritornello: 2 cnto, 3 Corn. tort. (?), bc

VP 171a, f. 40f.
Der Wolbekandte Brautmachende Genten-Pfüel... Arie...
Hochzeit von Christoff Genderich (Jenrich) und Sophia Schmied, Stettin 1689
Dichter: Von einem Gut Meinenden Bekandten
Komponist: des Bräutigams einigen Bruder (= Hieronymus Jenrich)
Druck: Samuel und Johann Höpfner, Stettin
Aria (9 Str.): S, bc; Ritornello: 2 vl, 2 vla, vlne, bc

VP 171a, f. 42f.
Der lustige Nachtigal... Arie...
Hochzeit von Joachim Erythraeus und Ester Utecht, Stettin o.J.
Komponist: Hieronymus Jenrich
Druck: Samuel und Johann Höpfner, Stettin
Aria (9 Str.): S, bc; Ritornello: 2 vl, 2 vla, vlne/fag, bc

VP 171a, f. 43f.
Die geheime Liebes-Cur... Arie...
Hochzeit von Johann Georg Allas und Juliana Elisabeth Krüger, Stettin 1960
Dichter: von Einem guten Freunde
Komponist: H.J. (= Hieronymus Jenrich)
Druck: Samuel und Johann Höpfner, Stettin
Aria (10 Str.): S, bc; Ritornello: 2 vl, 2 vla, fag, bc

VP 171a, f. 75f.
Des Hauses Sonne und Mond/ In ihrem Licht und Finsterniß... Arie...
Hochzeit von M. Samuel Elard(us) und Barbara Juliane Streger (geb. Collmann), Golnow 1691
Dichter: der Frau Braut Bruder
Komponist: Christian Spahn
Druck: Samuel Höpfner, Stettin
Aria (9 Str.): S, bc; Rittornello: 2 vl, 2 vla, vlne, bc

VP 171a, f. 88f.
Gut Quartier Im Kividts-Nest... Arie...
Hochzeit von Ernst Andreae und Dorothea Elisabeth Kividt, Stettin 1692
Komponist: Christian Spahn
Druck: Friederich Ludwig Rhete, Stettin
Aria (9 Str.): S, 2 vla da gamba, bc

VP 171a, f. 104f.

Amors Müntz-Fastelabend... Arie...
Hochzeit von Siegmund Dannies und Eleonora Hedwig Krüger, 1692
Komponist: Christian Spahn
Druck: Samuel Höpfner, Stettin
Aria (9 Str.): S, 2 vla da gamba, bc

(VP 171a, f. 117f. (= VP 21.2))

VP 171a, f. 135f.

Das wol-eingerührte Krafft-Süppelein der Liebe... Arie...
Hochzeit von Christian Krafft und Gotthilf Elisabeth Colberg, 1694
(Dichter und) Komponist: Von Einem guten Freunde
Druck: Friederich Ludwig Rhete, Stettin
Aria (9 Str.): S, 2 fl, 2 vla da gamba, bc

VP 171b, f. 106f.

Der Von uhralten Jahren VEREINIGTE Sanct Jacob und Sanct Niclaus...... Arie...
Hochzeit von Jacob Degner und Maria Elisabeth Matthiae
Komponist: Hieronymus Jenderich (= Jenrich)
Druck: Daniel Stark, Stettin
Aria (9 Str.): S, 2 fl, 2 vla da gamba, fag, bc

VP 171a, f. 148f.
Das in STETTIN Von neuen angelegte Rosen-Feld... Arie...
Hochzeit von Christian Rosenfeld und Anna Langkopff, 1695
Dichter: Von Einem guten Freunde
Komponist: H.J. (Hieronymus Jenrich)
Druck: Friederich Ludwig Rhete, Stettin
Aria (10 Str.): S, 2 vl, 2 vla, bc

VP 171b, f. 150f.
Die Liebes-Klammern Auß der Venus-Schmiede... Arie...
Hochzeit von Johann Braun und Sophia Margareta Schmied, 1695
Dichter: der Frau Braut Bruder
Komponist: H.J. (Hieronymus Jenrich)
Druck: Friederich Ludwig Rhete, Stettin
Aria (9 Str.): S, bc; Rittornello: 2 vl, vla da gamba, bc

VP 171b, f. 152f.
Das auff dem Krügerischen Grund und Boden angelegten Frey-Schultzen-Gericht... Arie...
Hochzeit von M. Samuel Elard(us) und Barbara Juliane Streger (geb. Collmann), Golnow 1695
Komponist: Hieronymus Jenderich (Jenrich)
Druck: Daniel Starck, Stettin
Aria (9 Str.): S, bc; Rittornello: 2 vl, 2 vla da gamba, fag, bc

VP 171b, f. 154f.
Das umb einen auffrichtigen baaren Dreyer erworene Wüste Feld... Arie...
Hochzeit von Christian Dreyer und Sabina Regina Wüstfeld, 1696
Komponist: H.J. (= Hieronymus Jenrich)
Druck: Friderich Ludwig Rhete, Stettin
Aria (9 Str.): S, bc; 2 vl, 2 vla da gamba, fag, bc

VP 171b, f. 171f.
Die kräfftige Helenen-Cur... Arie...
Hochzeit von Johann Schnitzker und Helena Elisabeth Zander
(Dichter und) Komponist: Von einem Dienst-fertigen Freunde
Druck: Friederich Ludwig Rhete, Stettin
Aria (9 Str.): S, bc; Rittornello: 2 vl vel clarin., 2 vla da gamba, fag, bc

VP 171b, f. 173f.
Der unschädliche Liebes-Sturm... Arie...
Hochzeit von Cornelius Berends und Anna Elisabeth Sturm, gleichzeitg Amtseinführung des
   Bräutigams als Pfarrer, Gartz 1696
(Dichter und) Komponist: Von Einem guten Freunde
Druck: Friederich Ludwig Rhete, Stettin
Aria (9 Str.): S, 2 fl, 2 vla da gamba, bc

VP 171b, f. 175f.
Das nötige Ampts- und Liebes-Secretariat-R... Arie...
Hochzeit von Christian Friederich Freyberg und Maria Elisabeth Hopffer, 1696
(Dichter und) Komponist: Von einem Dienst-fertigen Freunde
Druck: Samuel Höpfner, Stettin
Aria (9 Str.): S, 2 ob, 2 vla da gamba, fag, vlne

VP 171b, f. 184f.
Der wolangelegte Winnemer-Krügersche Handel An dem Hochzeitlichen Termin- und Zahl-Tage... Arie...
Hochzeit von Georg Winnemer und Anna Dorothea Krüger, 1697
Dichter: Von Einem guten Freunde
Komponist: H.J. (= Hieronymus Jenrich)
Druck: Samuel Höpfner, Stettin
Aria (9 Str.): S, 2 ob, 2 vla da gamba, vlne, fag

VP 171b, f. 186f.
Der gütige Jungfern-Patron/ Sanct Andreas/ Bey froher Hochzeit-Feyer... Arie...
Hochzeit von Johann Andreae und Lucia Maria Lindemann, 1697
Dichter: Von einem Dienst-Fertigen Freunde
Komponist: H.J. (= Hieronymus Jenrich)
Druck: Friederich Ludwig Rhete, Stettin
Aria (9 Str.): S, 2 ob, 2 vla da gamba, fag, vlne (bc)

VP 171b, f. 194f.

Das Priester-Eheliche Weidewerck... Arie...

Hochzeit von M. Thomas Bahr und Margareta Elisabeth Weidemann, Pasewalk (original: *Pasewald*) 1697

Dichter und Komponist: Von Einem geneigten Stettinische Freunde

Druck: Friderich Ludwig Rhete, Stettin

Aria (11 Str.): S, 2 vl, fag, vlne (bc)

VP 171b, f. 218f.

Der neu angelegte Winnemer-Krügersche Handel Am Hochzeitlichen Kauffschlags-Tage... Arie...

Hochzeit von Jacob Winnemer und Maria Elisabeth Krüger, 1699

Dichter: Von einem Dienst-Fertigen Freunde

Komponist: Friderich Gottlieb Klingenberg

Druck: Samuel Höpffners Wittwe, Stettin

Aria (9 Str.): S, bc, 2 ob, 2 vl, fag, vlne, bc

VP 171b, f. 220f.

Der geschwinde Liebes-Postilion/ Zur Hochzeitlichen Ehren-Lust... Arie...

Hochzeit von Georg Madeweis und Dorothea Elisabeth Cuntzmann, 1699

Dichter: Von Einem geneigten Freunde

Komponist: Friderich Gottlieb Klingenberg

Druck: Samuel Höpffners Wittwe, Stettin

Aria (9 Str.): A, cnto, 4 vl, bc

VP 171b, f. 222f.
Der Hertz-Wurm der Liebe/ An beyden Patienten... Arie...
Hochzeit von Berend Oker und Maria Elisabeth Wurm, 1699
Dichter: Von Einem guten Freunde
Komponist: Friderich Gottlieb Klingenberg
Druck: Samuel Höpffners Wittwe, Stettin
Aria (9 Str.): S, 2 vl, 2 vla, fag, bc

VP 171b, f. 224f.
Der sicherste Mund-Koch in der Liebe... Arie...
Hochzeit von Gottfried Koch und Eva Aurora Stolting, 1700
Dichter: Von Einem guten Freunde
Komponist: Friderich Gottlieb Klingenberg
Druck: Samuel Höpffners Wittwe, Stettin
Aria (9 Str.): S, bc; Ritornello: 2 ob, 2 vl, fag, vlne, bc

VP 171b, f. 241f.
Das Braut-A/B/C/ Am Hochzeitlichen Ehren-Tage... Arie...
Hochzeit von Egidius Borchers und Barbara Elisabeth Block, 1700

Dichter: Von Einem guten Freunde, Komponist: Friederich Gottlieb Klingenberg
Druck: Samuel Höpffners Wittwe, Stettin
Aria (9 Str.): S, bc; Ritornello: cnto, 2 vl, fag, bc

VP 171b, f. 243f.
SAL VOLATILE AMORIS Oder Das flüchtige Liebes-Saltz... Arie...
Hochzeit von Bonaventura Müller und Dorothea Elisabeth Sandreuter, 1701
(Dichter und) Komponist: Friederich Gottlieb Klingenberg
Druck: Gabriel Dahl, Stettin
Aria (9 Str.): S, bc; Ritornello: 2 ob, 2 vl, bc

VP 171b, f. 258f.
Die Liebe wieder den Strohm... Arie...
Hochzeit von Daniel Kuntze und Catharina Elisabeth Breuning, Oderberg 1701
Dichter: von Einem guten Freunde, Komponist: Friederich Gottlieb Klingenberg
Druck: Gabriel Dahl, Stettin
Aria (9 Str.): T, bc; Marche: 2 ob, Taille ou Haute-contre, fag, vlne (bc)

VP 171b, f. 260f.
Die Ampts-Cammer-Rechnung der Liebe... Arie...
Hochzeit von Jacob Maßmann und Dorothea Tabbert, 1701

(Dichter und) Komponist: Friderich Gottlieb Klingenberg
Druck: Gabriel Dahl, Stettin
Aria (9 Str.): T, bc; Ritornello: 2 ob, 2 vl, basson, fag, bc

VP 171b, f. 268f.
Ein guter Reuter/ Ein guter Haußwirth/ Am Hochzeitlichen Ehren-Tage... Arie...
Hochzeit von Philipp Immanuel Einsiedel und Sophia, 1701
(Dichter und) Komponist: Friderich Gottlieb Klingenberg
Druck: Gabriel Dahl, Stettin
Aria (9 Str.): T, bc; Marche: 3 ob, basson, bc

VP 171b, f. 283f.
Das wieder besetzte Adlers-Nest/ Am Hochzeitlichen Ehren-Tage... Arie...
Hochzeit von Christian Alverds und Anna Maria Cammerarius, 1701
(Dichter und) Komponist: Friderich Gottlieb Klingenberg
Druck: Gabriel Dahl, Stettin
Aria (8 Str.): T, bc; Ritornello: 2 ob ou vl, basson ou vlne, bc

VP 171b, f. 287f.
Der schwedische Dahlekarl/ Am Hochzeitlichen Ehren-Tage... Arie...
Hochzeit von Johann Friderich Dahlman und Maria Ilsabe Dinnies, Ancklam 1701

(Dichter und) Komponist: Friederich Gottlieb Klingenberg
Druck: Gabriel Dahl, Stettin
Aria (9 Str.): S, bc; Marche: 2 ob & vl, basson & vlne, bc

VP 171b, f. 289f.
Der Zu Colbatz gehobene Schatz/ Bey Hochzeitlicher Ehren-Freude... Arie...
Hochzeit von Johann Andreae und Hedwig Eleonora Lange, 1701
Dichter: Von Einem guten Freunde
Komponist: Friederich Gottlieb Klingenberg
Aria (9 Str.): S, bc; Ritornello: 2 ob, 2 vl, basson, vlne, bc

VP 171b, f. 293f.
Der Liebe Kurtze/ Lange Weile/ Am Hochzeitlichen Ehren-Feste... Arie...
Hochzeit von Friederich Lange (dem Jüngeren) und Maria Elisabeth Hoyn, Stettin 1702
(Dichter und) Komponist: F. G. Klingenberg
Druck: Gabriel Dahl, Stettin
Aria (8 Str.): A, bc; Ritornello: 2 ob, basson, 2 vl, fag, bc

VP 171b, f. 297f.
Der süsse Liebes-Bissen... Arie...
Hochzeit von Johann Dieterich Schaukirch und Maria Lucretia Küchler, 1703

(Dichter und) Komponist: Friderich Gottlieb Klingenberg
Druck: Gabriel Dahl, Stettin
Aria (9 Str.): A, bc; Ritornello: 4 Flute doux (4.: ou basson), vlne (bc)

VP 171b, f. 299f.
Die Eheliche Bürger-Sprache/ Am Hochzeitlichen Wahl-Tage... Arie...
Hochzeit von Walter Peters und Susanna Bartel, 1703
(Dichter und) Komponist: Friderich Gottlieb Klingenberg
Druck: Gabriel Dahl, Stettin
Aria (9 Str.): A, bc; Ritornello: 2 vl, 2 ob, basson, bc

VP 171b, f. 301f.
Das Erwischte Liebes-Kätzchen/ Am Hochzeitlichen Ehren-Tage... Arie...
Hochzeit von Carl Nudow und Dorothea Sophia Katsch, Angermünde 1702
(Dichter und) Komponist: Friderich Gottlieb Klingenberg
Druck: Gabriel Dahl, Stettin
Aria (9 Str.): T, bc; Ritornello: 2 ob, basson, bc

VP 171b, f. 305f.
Der Eheliche Sturtz-Handel/ Am Hochzeitlichen Ehren- und Freuden-Tage...
Hochzeit von Jürgen Kube und Regina Elisabeth Mundinus, 1703

(Dichter und) Komponist: Friderich Gottlieb Klingenberg
Druck: Gabriel Dahl, Stettin
Aria (9 Str.): A, bc; Ritornello: 2 vl, 2 ob, basson, bc

VP 171b, f. 307f.
Ehestand/ Kein Wehestand Am Tage des Hochzeitlichen Freuden-Standes... Arie...
Hochzeit von Friederich Andreas Bracht und Maria Friesener, 1703
(Dichter und) Komponist: Friderich Gottlieb Klingenberg
Druck: Gabriel Dahl, Stettin
Aria (9 Str.): A, bc; Ritornello: 3 ob, basson, 2 vl, vlne, bc

VP 171c, f. 316f.
Die unbekandte Straussen-Liebe... Arie...
Hochzeit von Karl Christian Strauß und Dorothea Uker, Stettin 1704
Komponist: Friederich Gottlieb Klingenberg
Druck: Gabriel Dahl, Stettin
Aria (12 Str.): S, 2 Waldhörner, 2 ob, fag, bc

VP 171c, f. 330f.
Die beliebte Jungfer Braut... Arie....
Hochzeit von Daniel Bumm und Sophia Regina Herbst, Stettin (1704)

Komponist: Friederich Gottlieb Klingenberg
Druck: Gabriel Dahl, Stettin
Aria (7 Str.): S, bc; Ritornello: 2 Waldhörner, 2 ob, fag, bc

VP 171c, f. 334f.
Die ins Mönchen-Kloster wandernde Jungfrau...
Hochzeit von Augustin Gottlieb Burmeister und Katharina Maria Krüger, Stettin 1705
Komponist: Friederich Gottlieb Klingenberg
Druck: Gabriel Dahl, Stettin
Aria (12 Str.): S, bc; Ritornello: 3 Flutes doux, 2 vl, vlne, bc

VP 171c, f. 344f.
Die aus der Marckt nach Pommern Wandernde Liebe... Arie...
Hochzeit von Joachim Heinrich Gräff und Anna Maria von Lilienancker, Stettin 1705
Komponist: Friederich Gottlieb Klingenberg
Druck: Gabriel Dahl, Stettin
Aria (10 Str.): S, bc; Ritornello: 2 Waldhörner, 2 ob, fag, bc

VP 171c, f. 387f.
Christliche Eheleute Als Holde Haus-Sonnen... Arie...
Hochzeit von Johann Christian Bartels und Anna Dorothea Stolting, Stettin 1706

Komponist: Michael Rohde
Druck: Gabriel Dahl, Stettin
Aria (9 Str.): S, bc; Ritornello: 2 Waldhörner, 2 ob, fag, bc

VP 171c, f. 403f.
Das Simonische Liebes-Netz... Mit einem schlechten Fischer-Liede und lustigen Composition
Hochzeit von Jakob Simon und Euphrosyne Butte, Stettin 1706
Komponist: Friedrich Gottlieb Klingenberg
Druck: Gabriel Dahl, Stettin
Aria (8 Str.): S, bc; Ritornello: 2 Waldhörner, 2 ob, fag, bc

VP 171c, f. 405f.
Der Hoch- Ehr- und Tugendbelobten Jungfer... Arie...
Hochzeit von Jakob Simon und Euphrosyne Butte, Stettin 1706
Komponist: Friedrich Gottlieb Klingenberg
Druck: Gabriel Dahl, Stettin
Aria (12 Str.): S, bc; Ritornello: 2 vl, 2 ob, fag, bc

VP 171d, f. 417f.
Den in Pommern erneuerten Johanniter-Orden...
Hochzeit von Johann Golitz und Anna Maria Matthai, Stettin 1706
Komponist: Michael Rohde

Druck: Samuel Höpfners Erben, Stettin
Aria (9 Str.): S, bc; Ritornello: 2 Waldhörner, 2 ob, fag, bc

VP 171d, f. 419f.
Die wahre Wunder-Liebe/ So ehe geschegen als gesehen...
Hochzeit von Johann Golitz und Anna Maria Matthai, Stettin 1706
Dichter: Johann Christoph Fincke
Komponist: Michael Rohde
Druck: Gabriel Dahl, Stettin
Aria (9 Str.): S, bc; Ritornello: 2 Flute doux, 2 vl, fl, bc

VP 171d, f. 427f.
Als Tit: Herr Michael Rohde...
Hochzeit von Michael Rohde und Anna Maria Golitz, Stettin 1706
Dichter und Komponist: Friederich Gottlieb Klingenberg
Druck: Gabriel Dahl, Stettin
Aria (8 Str.): S, bc; Ritornello: 2 Waldhörner, 2 ob, fag, bc

VP 171d, f. 429f.
Die Musicalische Liebes-Harmonie...
Hochzeit von Michael Rohde und Anna Maria Golitz, Stettin 1706
Dichter: Joannes Fridericus Fabricius
Komponist: Ein der Jungfer Braut Verbundenster Freund

Druck: Samuel Höpfners Erben, Stettin
Aria (12 Str.): S, 2 vl, 2 ob, fag, bc

VP 171d, f. 435f.
Der Keuschen Liebe Süßigkeit...Hochzeit-Arie...
Hochzeit von Daniel Rähs und Anna Dorothea Honigmest, Stettin 1706
Dichter und Komponist: Friederich Gottlieb Klingenberg
Druck: Gabriel Dahl, Stettin
Aria (9 Str.): S, bc; Ritornello: 2 Waldhörner, 2 ob, fag, bc

VP 171d, f. 445f.
Wohlgemeintes Schertz-Gedicht und Glück-Wunsch Bey Erfreulicher Ver-Ehlichung...
Hochzeit von Samuel Bartes und Dorothea Luise Löwenstein, Colbatz 1707
Dichter: Von Einem wohlgesinten Freunde
Komponist: Michael Rohde
Druck: Gabriel Dahl, Stettin
Aria (9 Str.): S, bc; Ritornello: 2 Waldhörner, 2 ob, fag, bc

VP 171d, f. 464f.
Das Im Herbst zu blühen angefangene Und Immer-Grüne Vergiß mein nicht der Liebe....
Hochzeit von Johannes Vahlke und Sophie Elisabeth Zachow, Stettin 1707
Komponist: Michael Rohde
Druck: Samuel Höpfners Erben, Stettin
Aria (9 Str.): S, bc; Rittornello: 2 Waldhörner, 2 ob, fag, bc

VP 171d, f. 467f.
Prognosticon, über Das/ bey der verliebten Schiffahrt des Mercurii mit der Ceres, entstandene ungestüme Donner- aber bald wieder aufgeklarte Sonnen-Wetter... Arie...
Hochzeit von Daniel Vilter und Elisabeth Babe, Stettin 1707
Dichter: Von Einem guten Freunde Gleiches Nahmens
Komponist: Michael Rohde
Druck: Samuel Höpfners Erben, Stettin
Aria (12 Str.): S, bc; Rittornello: 2 vl, 2 ob, fag, bc

VP 171d, f. 469f.
Der Süsse Philter-Tranck...
Hochzeit von Daniel Vilter und Elisabeth Babe, Stettin 1707
Dichter: Von ihrer Hertzens-Freundin ConCorDia
Komponist: Michael Rohde
Druck: Samuel Höpfners Erben, Stettin
Aria (12 Str.): S, bc; Rittornello: 2 Waldhörner, 2 ob, fag, bc

VP 171d, f. 471f.
Auff die vom hohen Seegens Herrn mit kräfftigen Seegen zu überschüttende Hochzeit-Feyer...
Hochzeit von Daniel Vilter und Elisabeth Babe, Stettin 1707

Dichter/Komponist: „Abgesungen von einem Anverwandten"
Druck: Christoph Schröder, Stettin
Parodia an den Herrn Bräutigam (8 Str.): S, bc

VP 171d, f. 479f.
Die der Liebe auch bequeme Herbst-Zeit Wollte Bey Vollziehung Des Höchst-vergnügten Hochzeit-Festes... Arie...
Hochzeit von Paul Stabe und Maria Elisabeth Rahn, Stettin 1707
Dichter: J.C.G.
Komponist: Friederich Gottlieb Klingenberg
Druck: Gabriel Dahl, Stettin
Aria (9 Str.): S, bc; Ritornello: 2 Corne chasse, 2 ob, fag, bc

VP 171d, f. 481f.
Uber Des Wolgebohrnen Herrn... Aria...
Hochzeit von Gottlieb von Cochenhausen und Regina Elisabeth Herwig, Stettin 1708
(Dichter und) Komponist: Ein treu gesinnter Freund F.G.K. (= Friederich Gottlieb Klingenberg)
Air en Rigadon (3 Str.): S, 3 fl, 2 vl, vlne, bc

VP 171d, f. 488f.
Die vom Cupido aufgelösete Licentiaten-Frage... Hochzeit-Arie...
Hochzeit von Christian Michaelis und Ursula Margarethe Freyberg, Stettin 1708
Dichter: Von einem Cüstrinischen Nahen Freunde
Komponist: Michael Rohde
Druck: Samuel Höpfners Erben, Stettin

Aria (10 Str.): S, bc; Ritornello: 2 Waldhörner, 2 ob, fag, bc

VP 171d, f. 506f.
Die in einen Wittwer verliebte Jungfer...
Hochzeit von Egidius Barches und Dorothea Sophia Krüger, Stettin o.J.
(Dichter und) Komponist: Michael Rohde
Druck: Gabriel Dahl, Stettin
Aria (9 Str.): S, bc; Sinfonia: 2 vla da gamba, bc

VP 171d, f. 508f.
Die Gott wolgefällige Ehe/ So zuerst im Himmel ist gemacht/ Hernach auf Erden wol vollbracht; Dem heiligen Stiffter Aller Christlichen Ehe-Verbindungen Zu hohen Ehren...
Hochzeit von David Schumacher und Eleonora Sophia Engelcke, Stettin 1709
Komponist: Theophilus Andreas Volckmar
Druck: Gabriel Dahl, Stettin
Aria (9 Str.): S, bc; Rittornello: 2 vl, 2 ob, fag, bc

VP 171d, f. 510-13
Gespräch einer Jungfer mit einem Abte Von dem Ehelichen und Kloster-Leben
Hochzeit von Daniel Krüger und Christina Elisabeth Stolting, Stettin 1710
Dichter: Paulus Jetzen (Profess. Graecae Linguae & Poeseos)
Komponist: Michael Rohde

Druck: Gabriel Dahl, Stettin
Aria (10 Str.): S, B, 2 vl, 2 ob, fag, bc

VP 171d, f. 524f.

Den Besonneten Ehe-Berg...
Hochzeit von Samuel Konow und Eleonora Katharina Sonnenberg, Stettin 1710
Dichter: Ein guter Freund
Komponist: Friederich Gottlieb Klingenberg
Druck: Hermann Gottfried Effenbahrt, Stettin
Aria (9 Str.): S, bc; Ritornello: 2 vl, 2 ob, fag, vlne, bc

VP 171d, f. 534f.

Die unwandelbare Beständigkeit Reiner Liebe... Arie...
Hochzeit von Balthasar David Rahn und Anna Katharina Andree, Stettin 1710
(Dichter und) Komponist: Michael Rohde
Druck: Hermann Gottfried Effenbahrt, Stettin
Symphonia: 2 Flute doux, fl, ob, bc; Aria (10 Str.): S, bc

VP 171d, f. 540f.

GOTT Der Waysen Vater, Prognosticon, über Das/ bey der verliebten Schiffahrt des Mercurii mit der Ceres, entstandene ungestüme Donner- aber bald wieder aufgeklarte Sonnen-Wetter... Arie...
Hochzeit von Daniel Vilter und Elisabeth Babe, Stettin 1707
Dichter: Von Einem guten Freunde Gleiches Nahmens
Komponist: Friederich Gottlieb Klingenberg

Druck: Hermann Gottfried Effenbahrt, Stettin
Aria (12 Str.): S, bc; Ritornello: Cornes Chasse, 2 ob, fag, bc

VP 171d, f. 553f.
Den von GOTT geschenckten Ehren- Noth- und Liebes-Schilling...
Hochzeit von Johann Gottfried Lehmann und Anna Regina Schilling, Stettin 1711
Dichter: Ein naher Bluts-Freund
Komponist: Friederich Gottlieb Klingenberg
Druck: Hermann Gottfried Effenbahrt, Stettin
Aria (9 Str.): S, bc; Ritornello: 2 Waldhörner, 2 ob, fag, bc

VP 171d, f. 563f.
Die auf Lilien geanckerte Priester-Liebe...
Hochzeit von Johannes Friedrich Fabricius und Maria Elisabeth Lilienancker, Stettin 1711
Dichter: Ein alter Bekandter
Komponist: Michael Rohde
Druck: Gabriel Dahl, Stettin
Aria (11 Str.): A, bc; Rittornello: 2 Flute doux, ob, fag, bc

VP 171d, f. 586f.
Schaukirchisch-Bekrönter Liebes-Tempel...
Hochzeit von Christian Heinrich Schaukirch und Ilsabe Juliane Kron, Stettin 1714

Dichter: Von einem LIebhaber Der Um der Stadt Stettin sich vorlängst und noch wohlverdient-gemachten Schaukirchischen Familie
Komponist: Michael Rohde
Druck: Gabriel Dahl, Stettin
Aria (9 Str.): S, bc; Rittornello: 2 Waldhörner, 2 ob, fag, bc

VP 171d, f. 588f.
Die Priesterliche Bücher-Liebe... Arie...
Hochzeit von Joachim Sander und Margarethe Elisabeth, Stolp (original: Stolpe) 1714
Dichter: Von einem Christ Freundschaftlichen Bekandten
Komponist: Michael Rohde
Druck: Gabriel Dahl, Stettin
Aria (9 Str.): S, bc; Rittornello: 2 Flute doux, fl, bc

VP 171d, f. 590f.
Die Reichel-Franckische Eh/ Als frey und franck von allem weh... Arie...
Hochzeit von Johann Wilhelm Reichel und Maria Magdalena Francke, Stettin 1714
Dichter: Heinrich Daniel Bartels
Komponist: Michael Rohde
Druck: Hermann Gottfried Effenbahrt, Stettin
Aria (9 Str.): S, bc; Rittornello: 2 Waldhörner, 2 ob, fag, bc

VP 171d, f. 604f.
Die Höchst-vergnügte Braut... Arie...
Hochzeit von Paul Stabe und Benigna Steinweg, Stettin (1714)
Dichter und Komponist Michael Rohde
Druck: Hermann Gottfried Effenbahrt, Stettin
Aria (9 Str.): S, bc; Rittornello: 2 Flute doux, 2 ob, fag, bc

VP 171d, f. 629f.
Die Liebe Als ein angenehmer und wunderbarer Schaum...
Hochzeit von Samuel Schaum und Margarethe Gertraud Kube, Stettin 1715
Dichter und Komponist: Michael Rohde
Symphonia: 2 Waldhörner, 2 ob, fag, bc; Aria (11 Str.): S, bc

2. ohne Noten überlieferte Musikwerke

VP 2.2 (II)

Die durch glückliche Wahl siegende Tugend...

Hochzeit von Augustin Balthasar (1701-1786) und Maria Eleonora Charisius, Stralsund 1731: Dichter: C.H. Crety (Gymnasiallehrer in Stralsund), Komponist: Christophor Raupach (Organist an St. Nicolai)

Druck: Georg Christian Schindler, Stralsund.

Cantate: Geld: Recit., Aria, Schönheit: Recit., Aria (da capo), Tugend: Recit., Aria, Recit. Aria (3 Str.)

Textinzipit: „Ich Geld, Ich bins allein..."

VP 2.2 (III)

Beerdigung von Dorothea Gertrud Balthasar (1714-1746) (Frau von August Bernhard Balthasar, Pastor in Gristow) Greifswald 1746

Druck: (Hieronymus Johann) Struck, Greifswald.

Testament (8 Str.)

Textinzipit: „Ich habe Lust zu scheiden..." nach der Melodie: „Hertzlich thut mich verlangen"

VP 3.2

Einige Lieder, so die seelig Verstorbene ihre Andacht zu ermuntern offte zu lesen und zu wiederholen pflegen

Beerdigung von Gertraud Berg Stralsund 1678

Druck: Michael Meder, Stralsund

16 mehrstr. Lieder mit Angaben der Choralmelodien, auf die sie zu singen sind:

1. „Was hat dich doch bewogen..." (7 Str.) nach: „Auff/ auff mein Hertz mit Freuden..."
2. „Ob schon meine Feinde wüten..." (5 Str.) nach: „GOTT des Himmels und der Erden..."
3. „Laß dein Lieben und Verlangen..." (7 Str.) nach: „Wie nach einer Wasser-Quelle..."
4. „Auff Seele! traure nicht..." (10 Str.) nach: „O GOTT du grosser GOTT..."
5. „Sey lieber Mensch beflissen..." (7 Str.) nach: „Wach auff mein Hertz und singe..."
6. „Ich freue mich zu sterben..." (7 Str.) nach: „Wach auff mein Hertz und singe..."
7. „Liebe Seele sey zu frieden" (7 Str.) nach: „Schmücke dich O liebe Seele..."
8. „Was Othem hat ist GOTT..." (14 Str.) nach: „Wes Lobes sollen wir dir..."
9. „HERR JESU kom und wohne..." (3 Str.) nach: „Wer GOTT das Hertze giebet..."
10 „Wie offt ist mir so weh..." (7 Str.)
11. „Ist die Erde wieder mich..." (10 Str.)

12. „Was kanst du böse Welt..." (7 Str.)   nach: „O GOTT du grosser GOTT..."
13. „Ich dancke dir mit Hertz..." (9 Str.)   nach: „Ach bleib bey uns HERR JESU..."
14. „Die nur auff eitle Sachen..." (12 Str.)   nach: „Auff/ auff mein Hertz und singe..."
15. „Die Lügen richtet Müh..." (2 Str.)
16. „Die Ros ist klein und schlecht..." (14 Str.)   nach: „O GOTT du grosser GOTT"

VP 6.3
Bey dem Hochzeitlichen Jubel-Festin...
Goldene Hochzeit von Christian Johann Crety und Anna Maria Seydelin, Wussecken, Stralsund 1735
Dichter: ihr Sohn Conrad Hinrich Crety; Komponist: ? Beligh
Druck: Georg Christian Schindler, Stralsund
Cantata zur: Recitativo (Tenor), Aria (1 Hautbois d'Amour, 2 Violin. con Continuo, Canto solo), Recitativo (Canto con Accompagnemento), Aria (Tenore solo con Clarino & Violino solo con Continuo), Recitativo (Tenor), Aria (Canto solo, 1 Hautbois d'Amour, 2 Violin. con Continuo), Recitativo (Tenor), Choral "Nun dancket alle Gott..." (2 Clarin., Tympan., 2 Violin. con Continuo, Chorus.
Textinzipit: „Das ist von GOTT geschehn..."

VP 15.3
Buß-Lied
Beerdigung von Augustine Henriette Hassertz, 1732
Druck: Hermann Gottfried Effenbarth, Stettin
9 Str., auf die Melodie: "Ach! was soll ich Sünder machen?"
Textinzipit: „Ach! was soll ich länger schweigen..."

VP 16.2
Den Himmel auf Erden in vergnügter Ehe, Entwurff Bey dem solennen Hochzeit-Festin
Hochzeit von Jürgen Hagemeister und Juliana Elisabeth Zander, Stralsund 1733
Cantata: Aria, Recit, Aria, Recit., Aria, Recit., Aria
Komponist oder Dichter: Heinrich Crety (Conrector des Gymnasiums)
Druck: Georg Christian Schindler, Stralsund
Textinzipit: „Angenehmster Tausch der Seelen..."

VP 17.1
Abend-Musique
Ernennung von Joachim Andreas Helwig zum Professor in Greifswald, Greifswald 1723
Dichter und Komponist anonym (sämtlich daselbst Studierende)

Druck: Carl Höpfner, Greifswald
Arie (8 Str.)
Textinzipit: „Edler Musen ächte Söhne..."

VP 18.1

Erfreuliches Bene Veneritis... Abend-Music
Ernennung von Joachim Christoff Heunen zum Konsul, Demmin/Greifswald 1688
Komponist oder Dichter: Samuel Estler
Druck Daniel Benjamin Starck, Greifswald
Arie (6 Str.)
Textinzipit: „Guter Grund trägt edle Früchte..."

VP 20.2

Singgedicht und Tafelmusic
Hochzeit von Sophia Dorothea Kühl und (David) Ike, Stralsund 1750
Komponist: J.P. Brüseke (Organist an St. Jacob)
Druck: Witwe Georg Christian Schindler, Stralsund
Vor der Trauung: Arie (Dialog von Freude und Glück), (Recitativ: Das Glück), Recitativ (Die Freude), Arie (da capo); Nach der Trauung: Arie (da capo); Zur Tafelmusic: Chor der Nymphen und Jünglinge, Die Freude, Chor, Das Glück, Chor, Chor der Nymphen und Jünglinge

VP 21.2

Bey solenner Beerdigung...Trauer-Aria
Beerdigung von Gottfried Christian Koch, Stargard (1719)
Dichter und Komponist: E. Bohm
Druck: Witwe Johann Nicolaus Ernst, Stargard
Aria (6 Str.)
Textinzipit: „Weich Erden-Tand! du Meer voll Galle..."

VP 23.2 (I)

Die gütige Vorsorge... Music
Rectorats- und Conrectoratsverleihung an M. Daniel Friedrich Schröder bzw. M. Hermann Jacob Lasius, Greifswald 1745
Komponist oder Dichter: ein guter Freund derselben
Druck: Hieronymus Johann Struck, Greifswald
Aria (da capo), Gedicht (3 Str.), Schluß-Aria (Da capo)

Textinzipit: „GOTT ist der Schul und Kirchen Vater..."

VP 23.2 (II)
Musicalischer Trauer-Text
Beerdigung von Valentin Friedrich Laurin, Kolberg 1747
Komponist: Johann Georg Kaltenbeck (Domorganist)
Druck Tobias Christoph Till, Kolberg
Cantata: Vor der Predigt: Aria, Recit., Aria, Recit., Aria, Choral; Nach der Predigt: Choral (Melod. Hertzlich thut mich verlangen)
Textinzipit: „Colbergs bittre Thränen-Flüsse..."

VP. 24.1
Lamentable Trauer-Concerte
Beerdigung von Matthaeus Henricus Liebeherr, Stettin 1717
Komponist: Friedrich Gottlieb Klingenberg
Druck: Hermann Gottfried Effenbahrt, Stettin
Nach der Leichenpredigt intoniret Jesus (Recitativ), Der zu Grabe geruffene Freund Christi (Arie 4 Str.), Die Gemeine Christi singet schließlich (Chor)
Textinzipit: „Ich folge dir auf dein Geheiß..."

VP 24.2
Der Wächter Zions Klag und TrostLieder über den Schlag an den Knauff
Beerdigung von Ernst Bogislaff Lißko, Stargard 1726
Komponist und Dichter anonym
Druck: Johann Tiller, Stargard.
Cantata: Recitativ, Aria, Recitativ, Aria, Recitativ, Arioso, Recitativ
Textinzipit: „Betrübte Mutter-Stadt!..."

VP 29.3 (= VP 37.2)
Hirtenlied nach der Weise Coridon der ging betrübet U.a.M.
Hochzeit von Georg Heinrich Pilgram und Chatharina Schmied, geb. Trebbin, Stettin 1664
Komponist: Adam Grützmacher
Druck: Rhete, Stettin
(11 Str.)
Textinzipit: „Damon hatte gantz beschlossen..."

VP 30.1
Drey Lieder
Hochzeit von Henricus Priester und Catharina Rehfeld, 1657
Dichter: von einem alten Teutschen Bekandten C.H.G.H.
1. (14 Str.) Im Thon: Es fieng ein Schäffer an zu klagen, 2. (10 Str.) Im Thon: Damon gieng in tieffen Sinnen, 3. (7 Str.) Im Thon: Ach Princessin meiner Sinnen
Textinzipit: 1. „Wenn man zu sinnen sich begiebet...", 2. „Was ist köstlicher zu finden...", 3. „Seelig kann der Mensch sich schätzen..."

VP 30.2 (I)
Cantate
Sechswochenfeier der Gräfin Christiane Wilhelmine zu Putbus
Komponist und Dichter ihre Söhne Malthe Friederich und Anshelm Carl, Greifswald 1743
Druck: Hieronymus Johann Struck, Greifswald
Arie, Recitativ, Arie, Recitativ, Arie, Recitativ, Arie
Textinzipit: „Stimmt nur die schlaffen Saiten wieder!...."

VP 30.2 (II)
Abend-Musik
Vistation der Greifswalder Universität durch Graf Moritz Ulrich zu Putbus, (Greifswald) 1755
Komponist und Dichter: anonym (die Sämtlichen hier Studirenden)
Druck: Hieronymus Johann Struck, Greifswald
11 Str.
Textinzipit: „Du, den das Chor der Musen freudig begleit't..."

VP 37.2 (= VP 29.3)
Frondes Gamicae... Hirtenlied nach der Weise Coridon der ging betrübt U.a.M.
Hochzeit von Johannes Stephan und Maria Rhaw, Greifswald 1666
Komponist: Adam Grützmacher (Cantor der Schulen in Greiffswald)
Druck: Matthaeus Doischer, Greifswald
(11 Str.)
Textinzipit: „Damon hatte gantz beschlossen..."

VP 37.3
Die Beständige Unbeständigkeit in einem Singgedichte oder Cantat
Hochzeit von Martin Suter und Brigitta Christina Boltheer, Greifswald 1732
Komponist oder Dichter: deroselben ergebenster Freund und Diener

Druck: Carl Höpffner, Greifswald
Recit., Aria, Recit., Aria, Recit., Aria, Recit., Aria
Textinzipit: „Die Unbeständigkeit ist das beständigste auf Erden..."

VP 40
Beerdigung von M. Georg Wehling, Stettin (1719)
Komponist oder Dichter: Daniel Rehberg?
Druck: Ermann Gottfried Effenbahrt, Stettin (1719)
Aria (8 Str.)
Textinzipit: „Mein GOtt Wird's Recht Wol Machen..."

VP 46
Beerdigung von Friedrich Wilhelm von Blankensee, Mittelfelde/Stettin 1744/45
Komponist oder nur Dichter: G.E. von der Goltz
Druck: Johann Friderich Spiegel, Stettin 1745
Kantate: Aria (Da capo), Recitativ, Aria, Recitativ, Aria, Recitativ, Aria, Recitativ, Aria, Recitativ
Textinzipit: „Breitest du denn aller Orthen..."

VP 48b (I)
Aria...
Beerdigung von Ilsabe Emerentia von Ramel, Stargard 1702
Dichter und/oder Komponist: M. Johann Christoph Jännling
Druck: Johann Nicolaus Ernst, Stargard
Aria (10 Str.)
Textinzipit: „Welt gute Nacht/ mein Sterbens-Tag erscheint..."

VP 48b (II)
Musical. Trauer-Concert
Beerdigung von Ilsabe Emerentia von Ramel (1702)
Komponist: Michael Irmisch
Druck: (Johann Nicolaus Ernst, Stargardt)
Concert... kurz vor der Predigt (4 Voc. & 5. Instrum.) und Aria a 3 V. : SAB 2 vla(10 Str.)
  Hierauff wird mit repetirung obigen Textes Plen. Chor. diese Concert geschlossen.
Textinzipit: „Siehe, seelig ist der Mensch den Gott straffet..."

VP 50 (I)
Heilige Sterbens-Gedancken...
Beerdigung von Ilsabe Dorothea Rehfeldt, geb. Eggebrecht, ("Leichentextsprüche bey ihrem Leben geführet und eigenhändig verfasset")
Dichterin: die Verstorbene
Aria über meine Leich-Sprüche (17 Str.)
Textinzipit: „Ich, die ich in Christo bin..."

VP 50 (II)
Den seeligen Wechsel der Frommen...
Beerdigung von Ilsabe Dorothea Rehfeldt, geb. Eggebrecht
Kantate: Aria, (Rec.), Aria, (Rec.), Aria ,(Rec.), Aria (Recit.), (2str. Aria oder Choral)
Dichter und/oder Komponist: E.J Vick; (Stralsund 1730)
Textinzipit: „Trübe Wolcken, finstre Nächte..."

VP 50 (III)
Die unveränderliche Treue des Erz-Hirten Jesu gegen seine Heerde
Einführung des Pastor Johann Friedrich Franken in Wolgast 1746
Komponist: (?) „musicalisch aufgeführet von" Ludewig Wilhelm Weissenberg, Cantor
Druck: Hieronymus Johann Struck, Greifswald
Kantate: Vor der Predigt: Aria, Choral, Recitat., Aria, Choral; Nach der Predigt: Aria, Recitat. Aria; Nach der Einsegnung: Aria, Recitat., Aria; Zum Schluß: Aria oder Chor? (Die Arien sind alle DacapoArien.)
Textinzipit: „Es sorget der Höchste, und schützet die Heerde..."

VP 50(IV)
Trauer-Cantata...
Beerdigung von Johann Caspar zur Eicken, Anklam 1747
Komponist: Johann Törpen (Kantor der Schule in Anklam)
Druck: Hieronymus Johann Struck, Greifswald
Choral (nach "Freu dich sehr, o meine Seele"), Aria, Recitativ, Aria, Recitativ, Aria, Choral (nach "Da wird seyn das Freuden-Leben", Aria, Recitativ, Aria, Recitativ, Aria Choral (nach "O! wie selig seyd ihr doch ihr Frommen")
Textinzipit: „Brich den mürben Lebens-Faden..."

VP 50(V)
Standrede, bey dem Sarge..
Beerdigung von Anna Dorothea von Essen-Langen, 1748

Komponist: Johann Fritz von Palthen
Druck: Hieronymus Johann Struck, Greifswald
(Ode (3 Str.) und) Singgedicht (Aria, (Rec.), Arioso, (Rec.), Aria, (Rec.), Aria)
Textinzipit: „Fromme tugendhafte Seelen..."

VP 50b
Lamento
Beerdigung des Pastors Friedrich Fabricius, Stettin 1703
Komponist: Friedrich Gottlieb Klingenberg
Druck: Daniel Dahl
Vor der Predigt: Durchbrechung des Leichentextes von 4 Arienstr. mit Rit., 2 weitere Arienstr. sowie Choral (10 Str.) nach der Mel. "Zion klagt mit Angst und Schmertzen"; Nach der Predigt: zweischichtiger Text (Prosa und zwei Strophen)
Textinzipit: „Zehle meine Flucht, fasse meine Trähnen..."

VP 51a
Die Letzten Gedancken... Trauer-Arie
Beerdigung von Johann Gerdes (Archi-Diakon zu St. Marien in Stargard), Stargard 1723
Komponist: (?) "vorgestellet von" Aegidius Bohmen (Diakon zu St. Marien)
Druck: Johann Tiller, Stargard
Aria (6 Str.)
Textinzipit: „Noch, dennoch will ich bey dir bleiben..."

VP 52a
Die Allgemeine Todes-Post... Traur-Cantate
Beerdigung von Karl Friedrich Haacke, (Stargard 1745)
Komponist: J.N. Hesse (Kantor der Stadtschule in Stargard)
Druck: Johann Christ. Falck, Stargard 1745
Sonata (con 2 Clarin con Sortin, 1 Oboe, 2 Violin, Viol, Violon con Cembalo), Basso Solo (con tutti Stromenti), Recitativ (Tenor con Cembalo), Basso Solo (con tutti Stromenti), Recitativ (Tenor con Cembalo), Basso Solo (con tutti Stromenti), Choral (tutti con Stromenti), Aria (da capo)(Basso con Violini unisoni Violon & Cembalo), Choral (tutti con Stromenti), Recitativ (Tenor con Cembalo), Choral (tutti con Strom.) Aria (da capo) (con 2 Violi, Violon & Cembalo), Recitativ (Basso con Cembalo), Aria (con Oboe concertato, Violin, Viol, Violon et Cembalo) Choral (tutti con Stromenti
Textinzipit: „Bestelle dein Haus, denn du mußt sterben..."

VP 54
Sterbens-Lied
Beerdigung von Bürgermeister Christoph Kundenreich, Stargard (1725)
Druck: Johann Tiller, Stargard
20 Str. nach der Mel. "Wer nur den lieben Gott läßt"
Textinzipit: „Gott lob! die Stunde ist verhanden..."

VP 55.1
Musicalischer Trauer-Text
Beerdigung des Praepositus der Diöcese Kolberg Valentin Friederich Laurin, Kolberg 1747
Komponist: Johann Georg Kaltenbeck
Druck: Tobias Christoph Till, Kolberg
Cantata, vor der Predigt: Aria, Recit., Aria, Recit., Aria, Choral; nach der Predigt: Choral (9 Str.) nach der Mel. "Herzlich thut mich verlangen"
Textinzipit: „Colbergs bittre Thränen-Flüsse..."

VP 55.2
Nachfolgende Arien Sind Bey Einsenckung der Hoch-Adl. Leichen/ unter einer Traur-Musique abgesungen worden.
Beerdigung von Lucia von Vogelsang, geb. von Levitzow, 1706
2 Arien (4 und 3 Str.); zur 2. Aria: "Die Composition diser Aria findet man in des berühmten Kaysers Opera Die Macht der Tugend genandt." (Reinhard Keiser)
Druck: Niclas Schwiegerau, Rostock
Textinzipit: „Seitdem der Mensch hat Gottes-Bild verlohren..." und „Entschlafft ihr Sinnen!..."

VP 56a
Frommer Juristen Bürger-Recht im Himmel
Beerdigung von Martin Löper (1732)
Druck: Johann Tiller, Stargard
Tutti (Chor), (Da-Capo-)Aria, Recit., Aria, (Tutti)
Textinzipit: „Gelobet sey Gott, der uns Lehrer giebet..."

VP 57a
Die Valet- oder Abschieds-Rede Eines Dieners GOTTes an seine gläubige Zuhörer
Beerdigung des Pastor Joachim Meyen, (1719)
Druck: Witwe Johann Nicolaus Ernst, Stargard

Abschieds-Lied So der Seel. Herr Praepositus einige Jahre vor seinem Ende aufgesetzet (11 Str.)
Textinzipit: „Hiemit bestell' ich nun mein Haus..."

VP 61a (I)
Der treue Knecht, Der hier gelobt, Und dort gerecht:..
Beerdigung von Johann Friderich Reiche, Stargard (1727)
Dichter und/oder Komponist: ? vorgestellet vom Geistlichen Ministerio
Druck: Johann Tiller, Stargard
Ode (9 Str.)
Textinzipit: „Ein treuer Knecht, wird hier gelobt..."

VP 61a (II)
Reiche Thränen Klage, Hinter dem Sarge...
Beerdigung von Johann Friderich Reiche, Stargard 1727
Komponist oder nur Dichter: Schwager des Verstorbenen
Druck: Johann Tiller, Stargard
Abschiedsrede des seel. Verstorbenen in einer Arie (13 Str.)
Textinzipit: „Welt gute Nacht! Du Schau-Platz voller Pein..."

VP 61a (III)
Zu Der seeligen Friedens-Fahrt Des Gottseeligen Reichen
Beerdigung von Johann Friderich Reiche, Stargard 1727
Komponist oder nur Dichter: S.U.Grüzmacher (Pastor in Glasow und Hohenholtz)
Druck: Johann Tiller, Stargard
Aria (10 Str.)
Textinzipit: „Fahr hin im Fried! sehr werther Friederich!..."

VP 61a (IV)
Der Durch das süsse Weine nicht/ In dem Hertzen der betrübten Wittwen von dem Liebsten Heylande/ erweckte Trost...
Beerdigung von Maria Rhaw (verh. Stephani)
Komponist: E.L. Matthiae (Student der Philosophie und Theologie)
Druck: Carl Höpfner, Greifswald
Aria (10 Str.)
Textinzipit: „Weine nicht betrübte Seele..."

VP 62a
Bey Hochansehnlich- und Christlicher Leichen-Begängniß...
Beerdigung von Theodor Scherenberg, Stettin, St. Jacobi 1705
Komponist: Friedrich Gottlieb Klingenberg
Druck: Gabriel Dahl, Stettin
Leichentext mit untermengten Arietten: Vor der Leichenpredigt: Lamento à 7 Stroment., Aria, Ritornello con Flutes, Aria, Ritornello, Aria, Ritornello, Aria, Ritornello, Aria (Die Arien sind fünf gleich gebaute Strophen.)
Textinzipit: „Ich habe mir fürgesetzt/ daß mein Mund nicht soll übertreten..."

Vp 65
Schuldige Liebesbezeigung bey dem frölichen Abschied aus diesem Leben...Trauer-Music
Beerdigung von M. Christoph Tetzloff, Greifswald St. Marien 1744
Druck: Hieronymus Johann Struck, Greifswald
Aria (da capo), Recit., Choral - Nach der Leichenpredigt: Choral, Recit., Aria (da capo), Choral
Textinzipit: „Wer Jesu hier aufrichtig dient..."

VP 66.2
Trauer-Cantate
Beerdigung von Johann Georg Wittmütz, Greifswald 1743
Druck: Hieronymus Johann Struck, Greifswald
Aria, (Rec.), Aria, (Rec.), Aria
Textinzipit: „Opffre nur die morschen Glieder Der Verwesung willig auf!..."

VP 122
Trauermusik
Beerdigung von Arnold Engelbert Buschmann, Stralsund 1777
Komponist: ? aufgeführt von Joh. Christoph Escherich,
sechsteiliger Text, zuletzt 11 Wechselstrophen zwischen Chor und Gemeinde
Textinzipit: „Die richtig vor sich gewandelt haben..."

VP 123
Die gerechten Klagen über den nie genug zubeweinenden Hintritt... in einem Musicalischen Dramate
Gedenkfeier für August II. von Polen und Sachsen, Danzig 1733?
Komponist: Johann Balthasar Christian Freislich

Druck: Thomas Johann Schreiber, Danzig
(mit fünf allegorischen Figuren: Divus Rex, Polonia, Saxonia, Urbs Gedanensis, Europa reliqua), Vor der Rede: Aria, Recit. (Arioso), Aria (da capo), Recit., Aria (da capo), Recitat. (Arioso), Aria (da capo), Recitat., Aria (da capo) Recitat., Aria Tutti (da capo); Nach der Rede: Aria (da capo) Recitat., Aria (da capo) Recitat., Aria Tutti.
Textinzipit: „Stehe stille Landes-Sonne!..."

VP 138a
Beerdigung von Jacob Mack Duwall, 1668/1671?
Komponist: Johannes Nic. Rudbeckius (Eenfaldeligen componerat Tienstskyldigst)
Druck: Boetius Hagen, Wåsterås
Chanson (5 Str.)
Textinzipit:."Ach at Sonen den nu söffder..."

VP 146.1 (I)
Beerdigung von Samuel Adrian
Ord (2 Str.) nach der Melodie "Förgäfwes i mörkret jag famnar", (1804)
Textinzipit: „Från Maka, från Barn och från Wänner..."

VP 146.1 (II)
Beerdigung des Admiralitäts-Superintendenten Fahnehjelms, Carlskrona 1796
Sång-Stycke (2 Str.)
Textinzipit: „Ach! – hastigt har Du sått..."

VP 146.1 (III)
Beerdigung von Anna Engel Dragmann,. Westerås 1794
Verser (2 Str.)
Textinzipit: „Hvi skal ej Dygden länge dröja..."

VP 147.2
Beerdigung von Radman Fahlrots Graf, 1789
Textinzipit: „För Dödens svärd se mänskan dignar..."

VP 148a
Beerdigung von Mag. Zacharias Juringius, (1773)
2 Arier (2 und 3 Str.) vor und nach der Beerdigung
Textinzipit: „Så häfs i döden lifwets börda..." und „Hwila nu fran qwal och möda..."

VP 165a
Text zur Trauer-Musik an Gustavs Gedächtniß-Tage den 20. August 1792
Gedächtnis Gustavs III. von Schweden
Druck: Ferdinand Röse, Greifswald
Kantate: Chor, Aria, Zum Schluß: Aria, Chor
Textinzipit: „Der Schwermuth stilles Sehnen..."

VP 167
Der Unvollkommene Schatten-Riß Grössester Vollkommenheiten... Aria
Geburtstag Friedrich Wilhelms I. von Preußen, 1727
Druck: Johann Friderich Spiegel, Stettin
Aria (6 Str.)
Textinzipit: „So zeuch denn grosser Fürst/Augustus unsrer Zeiten..."

VP 169
Lied bey Freude und Wein
6 Doppelstr. (Einer-Alle), handschriftliches Einzelblatt
Textinzipit: „Um das Leben zu genießen..."

VP 171c, f. 332f.
Das beste Heuraths-Guth...
Hochzeit von Balthasar Hönick und Sophia Bayer, 1705
Dichterund/oder Komponist: ein guter confidenter Freund aus Schlesien
Aria (5 Str.)
Textinzipit: „Was denckt er doch mein werther Freund?..."

VP 171c, f. 355f.+
Das Geschmückte Braut-Bett...
Hochzeit von Joachim Heinrich Gräffe und Anna Maria von Lillienancker, Stettin 1705
Dichterund/oder Komponist: Von Einem Freund
Druck: Gabriel Dahl, Stettin
Aria (6 Str.)
Textinzipit: „Auff! Auff! Du neue Welt..."

VP 171d, f. 612f.
Das LiebesRecidiv...
Hochzeit von Christian Daetrius und Anna Regina Richter, Stettin 1713

Dichter und/oder Komponist: ein naher Freund
Druck: Gabriel Dahl, Stettin
Aria (10 Str.)
Textinzipit: „Was Kranckheits-Recidiven seyn..."

3. Figurengedichte im Umriß von Musikinstrumenten

VP 6,3
Nuptiis...
Hochzeit von Daniel Cramer und Erdmud Faber, Stettin 1595
Dichter: Henricus a Wesell Tanglimensis Pomeranus
Druck: (Joachim) Rhete, Stettin 1595
lat. mus. Texte in Form von 4 Musikinstrumenten

VP 157,9, f. 86
Ευφημία In Honorem...
Glückwunsch zur Promotion von Joachim (II) Fabricius
Dichter: Peter Rateke (Rügenwald)
Druck: Rhete, Stettin 1651
lat. Text in Lautenumriß: "Ut Citharae clangor..." (folgt lat. Gedicht in 5 Str.)
S. Abb. S. 209.

VII. Literaturverzeichnis:

Begräbnisgesänge Nürnberger Meister für Exulanten aus der Steiermark, hg. von Hellmut Federhofer, Musik alter Meister 3, Graz 1955.

Hochzeitsarien und Kantaten Stettiner Meister nach 1700, hg. von Hans Engel und Werner Freytag, Landschaftsdenkmale der Musik, Mecklenburg und Pommern 1, Kassel 1937

Threnodiae Sacrae. Beerdigungskompositionen aus gedruckten Leichenpredigten des 16. und 17. Jahrhunderts (= Das Erbe deutscher Musik 79), hg. von Wolfgang Reich, Wiesbaden 1975.

Adler, F., Alte Verlobungs- und Hochzeitsbräuche in pommerschen Städten, in: Baltische Studien (Neue Folge) 43 (1955), S. 47-64, 44 (1957), S. 95-108.

Ameln, K., Ein Kantorenbuch aus Pommern, in: Jahrbuch für Liturgik und Hymnologie 7 (1962, S. 52-78.

Barner, Wilhelm, Barockrhetorik. Untersuchungen zu ihren geschichtlichen Grundlagen, Tübingen 1970.

Claußen, B., Das niederdeutsche Hochzeitsgedicht, in: Jahrbuch des Vereins für niederdeutsche Sprachforschung 54 (1928), S. 52ff.

Daebeler, Hans Jürgen, Musiker und Musikpflege in Rostock von der Stadtgründung bis 1700, masch. Diss., Rostock 1966.

Davidsson, Åke, Studier rörande svenskt musiktryck före ar 1750 (= Studia Musicologica Upsaliensia V), Uppsala 1957.

Eitner, Robert, Biographisch-Bibliographisches Quellen-Lexikon der Musiker und Musikgelehrten der christlichen Zeitrechnung bis zur Mitte des 19. Jahrhunderts, Leipzig o.J.

Engel, Hans, Musik und Musikleben in Greifswalds Vergangenheit, Greifswald 1929.

Fleming, Paul, Deutsche Gedichte, hg. von Volker Meid, Stuttgart 1986.

Freytag, Werner, Musikgeschichte der Stadt Stettin im 18. Jahrhundert, Pommernforschung Reihe 5, Studien zur Musik in Pommern 2, Greifswald 1936.

Friese, Wilhelm, Nordische Barock-Dichtung, München 1968.

Ders., Barockes aus der Provinz – Literarische Streifzüge durch Vorpommern im 17. Jahrhundert, Greifswalder Universitätsreden. Neue Folge, Nr. 71 (1994).

Giese, F., Quellensammlung zur Musikgeschichte Greifswalds. in: Greifswald-Stralsunder Jahrbuch 6 (1966), S. 207-233.

Gondolatsch, Max, Beiträge zur Musikgeschichte der Stadt Görlitz, in: Archiv für Musikwissenschaft 6 (1924), S. 324-353.

Henkel, Arthur / Schöne, Albrecht (Hrsg.), Emblemata. Handbuch zur Sinnbildkunst des XVI. und XVII. Jahrhunderts, Stuttgart 1967.

Kittler, Günther, Die Pommerschen Notendrucke bis Ende des 17. Jahrhunderts, in: Musik in Pommern, Heft 4 und 5 (1935/36).

Kjelberg, Erik, Personverserna i musikhistorien. Nagot om forskningen, problemen och källorna, in: Den gemensamma Tonen, hg. von Hannu Apajalahti, Musikvetenskapliga sällskapet i Finland och artikelförfattare 1990, S. 91-106.

Köhler, Burkhardt, Pommersche Musikkultur in der ersten Hälfte des 17. Jahrhunderts. Mit einer Bibliographie pommerscher Musikalien, Sankt Augustin 1997.

Krause, O., Eine Greifswalder Hochzeitsordnung vom Jahre 1569, in: Baltische Studien 28 (1878), S. 413-421.

Krummacher, Hans-Henrik, Das barocke Epicedium. Rhetorische Tradition und deutsche Gelegenheitsdichtung im 17. Jahrhundert. in: Jahrbuch der deutschen Schillergesellschaft, 18. Jg., Stuttgart 1974, S. 89-147.

Lange Edmund, Die Greifswalder Sammlung Vitae Pomeranorum. Alphabetisch nach Geschlechtern verzeichnet (= Baltische Studien, Ergänzungsbd. 1898); sowie: Ergänzungen zu seinem Werke Die Greifswalder Sammlung Vitae Pomeranorum, in: Baltische Studien N.F. 9 (1905), S. 55-136.

Lenz, Rudolf, De mortuis nil nisi bene? Leichenpredigten als multidisziplinäre Quelle (= Marburger Personalschriften-Forschungen 10), Sigmaringen 1990.

Opitz, Martin, Gesammelte Werke. Kritische Ausgabe, hg. von Georg Schulz-Behrend, Bd. II, Stuttgart 1979.

Popinigis, Danuta, Danuta Szlagowska, Musicalia Gedanensis, Gdansk 1990.

Petrick, Christine, Die *Vitae Pomeranorum* - eine Kostbarkeit der Greifswalder Universitätsbibliothek, in: Zentralblatt für Bibliothekswesen 104 (1990), S. 322-324.

Reich, Wolfgang, Die deutschen gedruckten Leichenpredigten des 17. Jahrhunderts als musikalische Quelle, Diss. Leipzig 1962.

Ders., Leichenpredigtsammlungen innerhalb der Deutschen Demokratischen Republik, bearb. von Wolfgang Reich, Dresden 1966 (= Veröffentlichungen der Sächsischen Landesbibliothek 7).

Ders. (Hrsg.), Threnodiae sacrae. Beerdigungskompositionen aus gedrucktzen Leichenpredigten des 16. und 17. Jahrhunderts (= Das Erbe deutscher Musik, Abteilung Motette und Messe 9), Wiesbaden 1975.

Rentner, Georg, Gelegenheitsdichtung, Art. in: Handlexikon zur Literaturwissenschaft, hg. von Diether Krywalski, 2.Aufl., München 1974, S. 156-161.

Rudolf, P. Rainer, Ars moriendi. Von der Kunst des heilsamen Lebens und Sterbens, Köln-Graz 1957.

Schwarz, Werner, Pommersche Musikgeschichte. Historischer Überblick und Lebensbilder, 2 Bde., Köln/Wien 1988 und 1994.

Segebrecht, Wulf, Das Gelegenheitsgedicht. Ein Beitrag zur Geschichte und Poetik der deutschen Lyrik, Stuttgart 1977.

Ders., Gelegenheitsdichtung, In: Literatur-Lexikon, hrsg. von Walther Killy, Bd. 13, Gütersloh/München 1992, S. 356-359.

Waczkat, Andreas, Ein Wegbereiter des mehrchörigen Konzerts: Nicolaus Gotschovius zwischen Rostock und Stargard, erscheint 2000 in: Studien zur lokalen und territorialen Musikgeschichte Mecklenburgs unbd Pommerns, im Auftrag des Landesmusikrates Mecklenburg-Vorpommern hg. von Ekkehard Ochs.

Walther, Hans, Lateinische Sprichwörter und Sentenzen des Mittelalters, Bd. 4, Göttingen 1966.

Wecken, Friedrich, Übersicht über deutsche Leichenpredigtsammlungen, in: Familiengeschichtliche Blätter, Jg. 17, Leipzig 1919, H. 7-9.

Werner, A. Die fürstliche Leichenpredigtensammlung zu Stolberg als musikgeschichtliche Quelle, in: Archiv für Musikforschung 1 (1936), S. 293ff.

Zahn, Johannes, Die Melodien der deutschen evangelischen Kirchenlieder..., 6 Bde., Gütersloh 1890.

† † †

Ut Citharæ clangor mæstorum pectora mulcet:

Sic pectus mulcent contriti verba salutis,

† † †

quæ sacra verba,
Symnystes Domini,
scilicet Hic FABER,
Nutu Rectoris Olympi,
monstravit ore pectoris,
clareq; distincteq; nobis publice;
qvapropter titulos impetrat ille hodie
DOCTORIS, meruit qvos ejus candida virtus,
Qvare bonâ totaq; mente gratulor
qvos illi tempus fumere nescit edax.
illi, Deus ter Optimus, ter maximus
ut adsit his conatibus,
& ejus ora dirigat.
Faxit Iova.

Εὐφημία,

In Honorem
VIRI
Admodum Reverendi, Clarissimi,
Excellentissimi Domini

M. JOACHIMI
FABRICII,

In Gymnasio Sedinensi S. S. Theologiæ &
Hebraicæ Lingvæ Profesforis, in æde cathedrali
D. Mariæ sacrâ ArchiDiaconi, & Synedrii
Ecclesiastici Asfesforis;

Cum ei
in inclyta Rostochiensi Academia,
Unanimi Facultatis Theologicæ suffragio atqve
solemnitate publica gradus & insignia
Doctoratus conferrentur;

Debitæ obfervantiæ contestandæ causâ scripta

PETRO RATEKE, Rügenwald. Pom.
Anno cIɔ Iɔc LI.

STETINI, TYPO RHETIANO exscripta.

Der wolgeschlossene
Kauff - Handel
mit
Priester - Wahre,
Auff welchen
Der Wol-Ehrenveste, Vorachtbahre und Wolfürnehme,
HERR
Wolffgang Siegmund Kohler,
Vornehmer Kauff- und Handelsmann,
Mit
Der Viel Ehr- und Tugendbegabten
Jfr. Agnisa Sophia Utechten,
Des weiland Wol-Ehrwürdigen, Großachthbaren und
Hochgelahrten,
Herrn M. JOACHIMI Utechts,
Wolverdienten 20. Jährigen treufleißigen Predigers der
S. Nicolai Kirchen hieselbst,
hinterlassenen Jungfer Tochter,
Den 30. May des 1693. Jahrs, bey Priesterlicher *Copulation*, wolbedächtlich zugeschlagen,
Unter dem, bey itziger Jahrs-Zeit, lustigen Vogel-Gesang, in einer Musicalischen
ARIE zugleich mit besungen
von
H. J.

Alten Stettin, druckts Samuel Höpfner, E. Edl. Hochweisen Raths Buchdrucker.

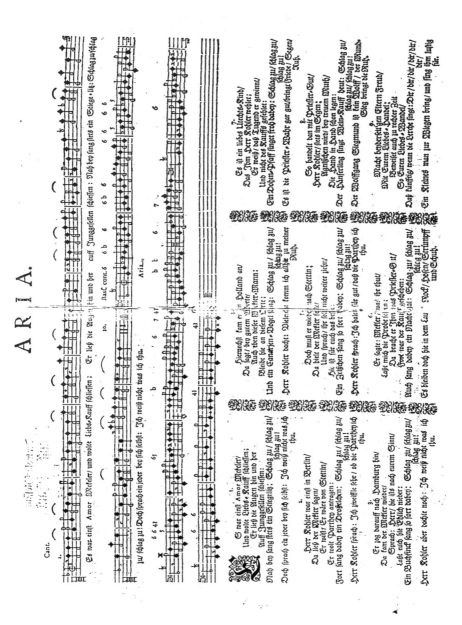

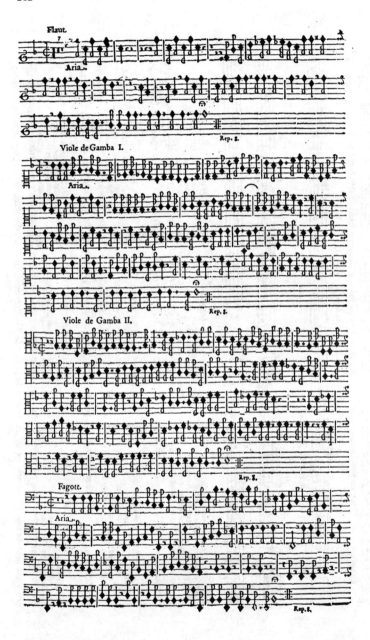

Begierlicher Seelen-Wunsch und Verlangen
nach dem Himlischen Bräutigam JEsu Christo.
Auff den Hochbetrübten und sehr traurigen Todesfall und Abschied
Der WollEdlen/ viel Ehr und Tugendreichen
Frawen

Margareta Flechin/

Des Woll-Edlen/ Vesten/ Großachtbarn/ Hochweisen
und Wolgelahrten

Herrn Heinrich von Brunschweig/

Wolverdienten Bürgermeistern dieser löblichen
Stadt Alten-Stettin/ hertzvielgeliebten Ehelichen Haußfrawen/
welche unverhofft den 25. Februarij Morgends umb 9. Uhr durch einen
seeligen und sanfften Todt/ nach Rath und Willen des Allerhöchsten Gottes auß diesem betrübten Jammerthal der Seelen nach abgefordert/ derer
Cörper aber folgends am 10. Martii dieses 1653. Jahres mit wohlansehnlicher sehr Volckreicher Versamlung zu ihrem Ruhekämmerlein begleitet/ und in S. Marien Stiffts-Kirchen rühmlichen
beerdiget worden.

Auß Christlicher Condolentz, denen Hinterbliebenen
hochbetrübten Herrn Wittwer und Erben/ zum Ehren-Gedächtnuß
in eine 8. stimmige Motet nebenst dem Basso Continuo verfertiget/ und auff begehren dem Druck übergeben
Von
JULIO-ERNESTO Rautenstein/ Hoff-Organisten.

Alten Stettin/
Gedruckt bey Georg Götzken/ des Königl. Pædag. Buchdr.
Im Jahr 1653.

214

Cantus Primus Chori superioris à 8.
Julius. Ernestus Rautenstein/Organ.

TEXTUS.
Psalm. 73. vers. 25. 26.

HErr wenn ich nur dich hab allein/
So laß ich Himml und Erden seyn;
Ob mir gleich Leib und Seel verschmacht/
Daselb ich gantz und gar nicht acht/
Denn du allein HErr JEsu Christ/
Meins Hertzen Trost und Erbtheil bist.

Traur-Cypressen
Abbildende
Der Menschen Glückseligkeit/
In einem
Musicalischen Grabmahl.

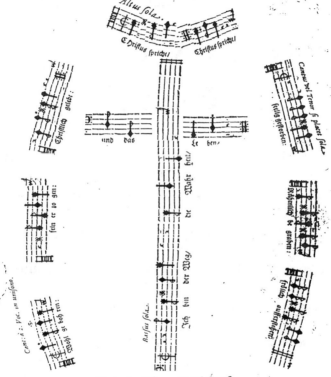

Zu letzter Ehren-Gedächtniß
Des WolEhrwürdigen/ GroßAchtbahren und Wolgelahrten

Herrn Christophori Cadens/

Der Christlichen Gemeine zu Wusterhusen 43. Jahr lang gewesenen trewfleißigen Pastoren, auch des Wolgastischen Synodi Seniorn, der Edlen Musica sonderlichen Liebhabern/

Vorgestellet von
Johann Martin Rubert/ Organisten und Musico
bey St. Nicolai Kirchen in Stralsund.

Greiffswald/ druckts Matthæus Doischer/ der Vniversität Buchdrucker 1662.

Letztes Ehren-Gedächtnis
auff
dem Frühzeitigen doch seeligen Abscheid
Des weyland
Hochedelgebohrnen/ Vest- und Hochbe-
nambten Herrn/
Herrn MATTHIAS
von Büntersberg/
Des
Hochedelgebohrnen/ Gestrengen/ Vest- und Hochbenambten
Herren
Hn. Ernst v. Büntersberg/
Auff Falckenwalde/ Klützow/ Bußlar ꝛc.
Erbsessen/
Meines hochgeneigten Herrn Mutter Brudern ältesten
Herrn Sohns/

Als derselbe den 27sten Februarii jetzt lauffenden Jahres zu
Neuen Stettin/ da Er sich Studirens wegen auffgehalten/ im 19. Jahr
seines Alters an den Pocken seelig verschieden/ und darauff den 1. Novem-
ber zu Falckenwalde bey Volckreicher Versamlung
beerdiget wurde.

Gesetzt
von
G. B. v. Schwerin.

Stargard in Pommern/
Gedruckt bey Berger Campen/ Hinterpomr. Buchdr. im Jahr 1682.

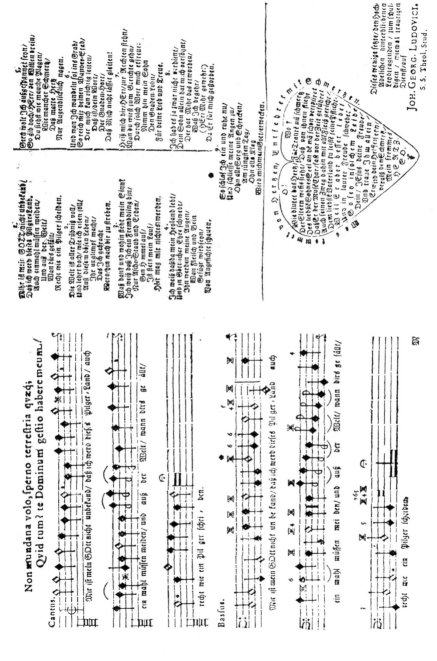

Greifswalder Beiträge zur Musikwissenschaft

Herausgegeben von Ekkehard Ochs, Nico Schüler, Lutz Winkler

Band 1 Festschrift Kurt Schwaen. Herausgegeben von Ekkehard Ochs und Nico Schüler. 1995.

Band 2 Nico Schüler (Hrsg.): Zwischen Noten- und Gesellschaftssystemen. Festschrift für Cornelia Schröder-Auerbach zum 95. Geburtstag und zum Andenken an Hanning Schröder anläßlich seines 100. Geburtstages. 1996.

Band 3 Matthias Schneider (Hrsg.): Bach in Greifswald. Zur Geschichte der Greifswalder Bachwoche 1946 - 1996. 1996.

Band 4 Ekkehard Ochs / Nico Schüler / Lutz Winkler (Hrsg.): Musica Baltica. Interregionale musikkulturelle Beziehungen im Ostseeraum. 1997.

Band 5 Reinhard Schäfertöns: Die Fuge in der Norddeutschen Orgelmusik. Beiträge zur Geschichte einer Satztechnik. 1998.

Band 6 Ekkehard Ochs / Lutz Winkler (Hrsg.): Carl Loewe (1796-1869). Beiträge zu Leben, Werk und Wirkung. 1998.

Band 7 Peter Schweinhardt (Hrsg.): Kurt Schwaen zum 90. Geburtstag. Kolloquium Berlin 10.-12.5.1999. 2000.

Band 8 Peter Tenhaef: Gelegenheitsmusik in den *Vitae Pomeranorum*. Historische Grundlagen, Ausgewählte Werke, Kommentar und Katalog. 2000.

Alexander Odefey

Gustav Mahlers *Kindertotenlieder*

Eine semantische Analyse

Frankfurt/M., Berlin, Bern, New York, Paris, Wien, 1999.
372 S., zahlr. Notenbsp.
ISBN 3-631-34328-0 · br. DM 98.–*

Die *Kindertotenlieder* nehmen nicht nur als Zyklus und als Abschluß des Liedschaffens eine bedeutende Position in Mahlers Gesamtwerk ein, sondern können in mehrfacher Hinsicht auch als Schlüsselwerk zum Verständnis seiner Musik bezeichnet werden. Die Studie zeigt, daß neben biographischen Ereignissen insbesondere Mahlers Weltanschauung für die Wahl der tragischen Gedichte und für zahlreiche Charakteristika der Komposition von großer Relevanz war. Durch die Auswertung aller erhaltenen Dokumente und Quellen sowie die Dechiffrierung musikalischer Symbole und Zitate gelangt die semantische Analyse unter anderem zu dem Resultat, daß Mahler in seiner Vertonung eigenen (religiösen) Vorstellungen Ausdruck verliehen hat, die über den Inhalt der Texte Rückerts erheblich hinausgehen.

Aus dem Inhalt: Zur Chronologie der Entstehung der *Kindertotenlieder* · Gustav Mahler und Friedrich Rückert · Biographische Aspekte · Aspekte der Weltanschauung und Religiosität Mahlers · Analyse: Struktur und Semantik der *Kindertotenlieder* (u.a.: die Anlage der Lieder; die linear-polyphone Schreibweise und ihre Quellen; eine Verbindung zu *Parsifal*; zur Bedeutung des Glockenspiels und des Tamtams)

Frankfurt/M · Berlin · Bern · New York · Paris · Wien
Auslieferung: Verlag Peter Lang AG
Jupiterstr. 15, CH-3000 Bern 15
Telefax (004131) 9402131
*inklusive Mehrwertsteuer
Preisänderungen vorbehalten